Christian Brasseur

Ocres encres

Editions
Rahma

Ocres encres

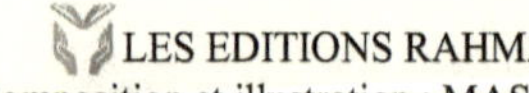
LES EDITIONS RAHMA
Composition et illustration : MASELENSES
Photo de couverture : © C. Brasseur
Dépôt légal : Février 2022
ISBN 978-2-9573240-8-8
© Tous droits réservés.

De ma fragilité je goûte les alarmes
Entre le double appel de la terre et des cieux

Paul Valéry

Tu risques voir le vent effacer ta foulée
Comme aux bêtes qui font leur chemin sans savoir
A quels pas de destins leurs traces sont mélées
Pourvu que ce chemin mène vers l'abreuvoir
Sans donner un regard aux oiseaux envolés

Louis Aragon

Sommaire

Ocres encres

A celles & ceux qui un peu m'aiment
Et même
Si ces poèmes,
Je ne sais ce qu'ils sèment.

I. De brume et d'ocre

L'ocre

Les matins s'étincellent de nacre
A l'heure alanguie de rosée,
La rosée aujourd'hui que massacrent
Après tant de mémoire irisée
Les effluves de l'ocre.

La plume griffe le papier roussi,
Trop usé de poèmes
Calcinés sans incendie, et si
Se colorent les brumes, c'est de même
Aux effluves de l'ocre.

Comme sur un fil, étendus,
Des lambeaux de mémoire indiscrète
S'agitent encore aux vents perdus
Qui teignent chaque chose secrète
Des effluves de l'ocre.

Puis s'en vient une bise d'automne,
Glacée, au parfum de suie noire,
Avant que dans l'éther s'abandonnent
Les élans et les fièvres d'espoir
Aux effluves de l'ocre.

Suspendu

Sous le pont suspendu, l'Isère
Charrie la brume et les pensées
De nos ocres hivers.

Dans l'instant suspendu, cassé,
Tu regardes couler à l'envers
Les heures du passé

Qui te laisse au bord des margelles,
Etranger au futur, et lourd,
Quand le vide t'appelle.

Ressens-tu, à travers le parcours
Du vent, des songes et des fleurs,
Pourtant, ce flux d'amour ?

L'arc en ciel

Aux vents qui charroient sans humeur
Le sang des millénaires
Nous laissons emporter nos chemins de bonheurs
Pour nous battre entre nous quelques brins de poussière.

De lune bleue en heure bleue
Loin de la vie en rose
Dont nous rêvions adolescents encor frileux
Nous avons chiffonné les fleurs à peine écloses.

Après que l'on ait dit « je t'aime »
Partout sans y penser,
Par les rues, les réseaux, nous jetons l'anathème
Sur les danses, les chants, et l'or de nos baisers ;

L'arme blanche de nos nuits blanches
Fouille nos idées noires.
En dédaignant le vol de la colombe franche,
Nous liquidons la vie dans un triste urinoir.

Riant jaune, colère verte,
Nous nous débattons, fiers,
Parmi les heurts ou les miroirs, ou dans l'alerte,
Sous le joug des puissants, sans plus d'égards qu'hier.

Malgré l'ocre sur la verdure,
La rivière asséchée,
Avons-nous su, puisque sans nous le temps perdure,
Profiter de l'air pur, plutôt que le gâcher ?

...

...

Je crois aussi, petit poète,
Qu'un mot change nos cœurs,
Qu'une chanson peut nous ressusciter la fête,
Distribuer la joie au milieu des couleurs.

Tu vois, je ne suis pas si sombre,
Même immergé de fiel,
Pour chercher à travers tous nos jours de pénombre
Mille bouts de lueur dévoilant l'arc en ciel.

Ce monde libre et sans barbares
Bien sûr, est pour demain,
Au kaléidoscope et aux musiques rares,
Nos enfants tenteront de se tenir la main.

Ils mêleront sur la palette
Aux éclairs les caresses,

Délaisseront l'amas des ors et des conquêtes,
Au profit de la vie. Quoique je disparaisse.

Tu vois, j'ai pu calmer ma rage,
En dépasser l'instant,
Pour cueillir avec eux des brassées de fleurs sages,
Eux pour qui j'ai si peur, eux, mes petits-enfants.

Transparences

Quand l'Isère enflée court et file
Ocre, lisse et sans île,
Comblée des pluies de la veille,

Et qu'alors le soleil revenu
Aux vapeurs ingénues
Mon âme s'exhale pareil,

Surviennent, des fleurs bleues,
Le souvenir diffus,
Les délices huileux
En un maelstrom confus.

Emportées par les boues du fleuve,
Des heures qui m 'émeuvent Ne me
reviennent que les ocres.

Tandis qu'au loin déjà s'abîment
Les ors perdus, s'imprime
Un chant usé, déjà médiocre.

Les mélodies dorées
De nos années d'errance,
Ces années adorées,
Disparaissent en transparence.

L'ange

On a tous à l'épaule,
Solide ou inconstante,
Cet ange tel un pôle
Magnétique qui tente

Discret, de nous parler,
Sans fin nous prodiguant
La lumière isolée
Sur nos chemins errants.

On le jette ou l'écoute
Au choix de nos bêtises,
Au hasard de nos routes,
Au risque de méprise.

Mais bienveillant il veille
En attente souvent
Que notre âme s'éveille.
Il est là, on le sent

En souvenir des anges
Qui m'ont accompagné
Dans ce curieux mélange
De moments épargnés,

En souvenir des anges
Dont l'insigne douceur
Portait pour moi l'étrange
Précaution des malheurs,

...

En souvenir des anges,
Satisfait, je voudrais
Remercier, comme on venge,
Quelqu'un, que je ne sais…

17

Tsunami

Il marchait solitaire au temps de pandémie
Vieux garçon rassasié,
La berge calme sous la brume,

Et chantait ses amours, dont quelques ennemies
Aux moments oubliés,
En caressant, comme sa plume,

Tous les visages fiers aujourd'hui endormis,
Songeant à cette alliée :
La sœur du bonheur, l'amertume.

Sur le fleuve volait une étoile parmi
Des fantômes liés
Par les voiles de vieux costumes,

Lorsque dans le brouillard un groupe de lamies,
Dégrafées du collier,
Comme des braises qui s'exhument,

Se mit à crépiter réveillant l'alchimie
Des parfums anémiés,
Vieillis, qui épicent l'écume.

Leurs seins d 'écailles noires dansaient en arythmie
Projetant par milliers
- mais pourquoi les seins nous consument ? -

Des dards sur les regrets de la monogamie,
Sur les plaisirs niés
Des jours que le désir allume.

...

En brisant toute règle issue d'académies
Aux goûts particuliers,
En explosant toutes coutumes,

Les sarcasmes lascifs et cruels à demi
Fracassaient sans pitié
Les rêves d'amour qu'on inhume,

Trop gonflés d'éternel, sous la sage anémie,
Pour les mieux oublier.
« Triste vertige que l'enclume ! »

Se dit-il, vénérant la libre anatomie,
Venimeuse à moitié,
Venue d'un paradis posthume.

Mais l'étoile rougie d'une ocre astronomie
Dissipe des halliers
Les vapeurs d'une aube qui fume,

Pour la rendre à la vie, dans la dichotomie
Qui vous laisse les pieds
Déçus, ancrés sur le bitume,

Mais permet de voler si loin dans l'accalmie
Des berges sigillées,
Pourvues des bonheurs qu'on parfume.

Les fleurs

Ainsi dansent les fleurs, perverses à cueillir,
Telles des orchidées au labelle trompeur
Qui offrent le costume et le parfum vampire
Aux affamés d'amour, à cet amant rêveur…
Et le voilà qui court, le cœur soumis aux vents.

Ainsi vivent les fleurs, du printemps à l'automne :
La corolle évasée, parées, propre à mentir,
Ligne courbée, démarche souple, elles se donnent
En jouant le grand jeu aux affamés satyres,
Imitant le bonheur même au travers des vents.

Affolés des couleurs, de tous ces artifices,
Mille mains, mille cœurs, mille bouches suceuses
Sans deviner jamais le moindre maléfice,
Se ruent pour butiner à l'orgie prometteuse.
Mais le vent insidieux n'est jamais que du vent.

Le sexe épanoui, les appas dans l'outrance,
Ainsi se jouent les fleurs, pour assurer leur suite. La
vie se prête à tout pour garder son errance,
Et, tout considéré, à cela est réduite.
Qui voudrait s'essouffler à l'encontre des vents ?

Aussi, chacun s'égaie pour dépasser l'hiver Qui
viendra effacer les orgies, sans morale.
Si j'ai connu plusieurs de ces douces ou fières
Et lumineuses fleurs, c'est le moins, c'est normal,
Puisque, sans se soucier du passé, va le vent.

Sans fin, la roue

Sur un fond de ciel ocre
Un oiseau noir aux yeux rouges
Bouge un bec encor médiocre,
Au matin de sa vie, que les accrocs, les gouges,
Fouailleront jusqu'à l'envi.
Il va au fil du temps essayer les couleurs,
Sans pouvoir exaucer, aux larmes ou aux ris,
Le moindre sort des hommes, sans valeur.

Ses yeux jamais déçus Ignorent du mitan :
Tant de lumière trop crue...
La mer fendillée avant que l'horizon...
Le sable insaisissable au temps...
Cette lente décrue du flot des illusions...
Les gerçures du cœur, les replis de l'esprit…
Comme l'aurore belle étincelle pourtant.

Aux matinées fécondes,
Habillés d'arcs-en-ciel,
Portant en incessante ronde
La douceur et l'espoir et le rêve et le miel
Les papillons s'envolent, et volent,
 Inconscients des splendeurs, pour quelques heures à
                                        peine…
Ils passent dès qu'ils viennent,
Sans aucun paradis, car la nature est folle.

                                        ...

Ainsi passent les hommes
Au fil des millénaires,
Absents que l'Histoire, un à un, gomme
Seulement pour changer d'exemplaire,
Faisant tourner sans fin la roue
De l'humanité sombre aux appétits ignobles.
Si chaque homme est unique, génial même à genou,
Aucun souffle commun ne permet qu'il soit noble.

Luminescents

Sous le sas de l'étang s'accumule,
Loin du regard des grands, mais visible aux enfants
A l'esprit si ouvert, un peuple minuscule
D'êtres luminescents.

Tu peux passer, passant, à grandes enjambées,
Plein de cette impression qu'ont les grandes personnes
D'être trop bien placées pour encore incuber
Des rêves indécents.

Aveugle aux sentiments ou sourd aux mots du ciel,
Ton passage accumule, et ne vibre de rien
Qui vraiment te profite. Ailleurs va l'essentiel
Lumière évanescente et tendre qui maintient
L'ami dans le présent.

Dans les jours limités qui s'imposent, te parquent
A l'intérieur de toi, tais la pensée hagarde
Qui te porte à bander cette vie comme un arc
Qu'on tend sans voir la cible indicible, et regarde
Sous le sas de l'étang.

Sous le thau de l'étang,
Lassés de la surface,
Se trouve encor la trace
D'êtres luminescents.

Moi l'homme, dans l'ocre rouge

Sous la plante des pieds,
Des tessons, des orties,
Des poisons, des furies
Insistants qui réveillent
Chaque pas chaviré.
Les yeux rougis par l'ocre
Dans leur regard de pierre
N'ont plus que le couchant
Au fond de leurs paupières.

Sous le ciel noir, l'ocre rouge.
Tandis que gesticulent les démons
Ou que pérorent les muets,
Dans l'ocre rouge, en rouge on danse.
On danse le sabbat
Délivré des astreintes
Imposées par les autres,
Un sabbat éternel
Jusqu'à l'usure des piles.

Les volutes moisies
Morales légendaires,
Les relents asséchés
Des religions perverses,
Dégoulinent depuis
Tant, tant de millénaires
Que tient dans la révolte
Le cœur de l'honneur vrai,
Fier parce que solitaire.

...

...

Heureux de l'infamie
Et gourmand de l'ivraie
J'ai lâché, j'ai trahi,
Trompé, laissé, menti.
Sous l'ocre j'ai joui
De nos vices divers,
De ce feu, de ce fiel,
Plus aigus que la lie,
Qu'aux caresses, plus doux.

Rêvant de femme-orgie
D'alcools et d'ambitions,
J'ai maculé des vierges,
Ivre des illusions
Qui, de l'ocre, profitent ;
Délaissé sur les berges
Aux flots qui sur nos vies graffitent
Des cadavres rougis,
Tel le temps d'aujourd'hui.

Dans la joie d'être impur,
Rien qui pourrait laver
De ma triste figure :
Ni la mer trop immense
Et son sel récurrent,
Ni la vase des lacs
Où l'eau stagne en étang,
Ni l'eau fraîche aux torrents
Glacés et purs de neige.

...

Je sais qu'on ne part pas
Comme disait Rimbaud,
Que l'on reste attaché
A sa croûte féroce,
Les bottes empêtrées.
Que l'on soit forts ou niais,
Être ici, être d'ici ou là
C'est le calvaire atroce,
Qui nous est assigné

Refusant les clochers,
Ignorant la patrie,
Fuyant les colifichets
Rouillés pour matamores,
Les auras médiatiques,
J'aspire, fainéant, à l'immobilité,
Au désert d'égoïsme,
Aux lumières du moi-je
Car tout est vanité

Eh quoi, quel pardon demander,
Et à qui ? Nul juge
De ma vie parviendrait à m'absoudre :
Il n'en est point de clair,
Et nul code à la vie se compare.

Je sais que de tous temps
Sans risque d'un enfer,
Nanti, je peux défaire
Les rêves et les gens, et l'amour qui les pare.

...

Une fois effacées, et foin
Du moindre paradis,
Que vaudront mes misères,
Mes gloires, mes tempêtes,
Ou mes lâches conquêtes,
Cœur d'or éparpillé,
Sans aune à mesurer ?
Même au creux du néant
S'abîment les pires offenses.

***

Bien loin de ce climat,
Aux sentes plus bonhommes
Il nous faut cheminer.
Nos pensées s'édulcorent
Et la bonté s'étiole.
Comme l'étincelle en nos corps
Le temps éteindra le passage,
Faute d'avoir d'histoire, ou ocre et sage,
L'Histoire nous oubliera.

Au ciel bleu, l'ocre rouge
Où expirent les anges repus,
Les omniscients ne bougent
Ni les doigts ni la langue.
Là, le sabbat perdure
Depuis l'homme à la terre,
Où, sorti de la gangue
Il dit viser l'épure,
Sans jamais n'en rien faire.
D'ocre rouge perclus.

On espère ?

Tandis que court le temps, à travers la fenêtre,
Attentif, étonné, il observe ces êtres
                Ignorants et qui errent,

Courant pour assouvir, amasser et paraître,
Etranges étrangers à leur jardin de prêtre,
                Aveugles à leur terre,

Ils passent insouciants, sur quelques kilomètres,
Foulant la passiflore en se croyant le maître,
                Amnésique à leurs frères.

Interrogeant demain, il observe ces êtres,
Fiers animaux humains voués à disparaître…
                Mais encore, on espère …

Lentement s'évapore...

Tu forces ta mémoire aux confins de l'oubli
Pour qu'aucun souvenir du passé établi
Ne vienne polluer tes heures d'aujourd'hui
D'un couvert d'ocre roux.

Le présent, jour à jour, se suffit sans atours,
Loin des froides lueurs des anciens carrefours
Dont restent sombres, flous, tous les obscurs contours
Dans ce brouillard d'écrou.

Tu dis « je t'aime » quelquefois, offrant des fleurs
A l'occasion, des roses rouges de cœur,
Pour que s'exhalent du bonheur quelques vapeurs,
Bien que tourne la roue.

Lentement s'évapore au ciel même ton astre,
Comme brume gluante aux marais sans cadastre,
Et sans abri tu vois s'écouler le désastre
Sous la couche de brou.

Alors tu veux brûler cent plaisirs éphémères
Comme si l'un ou l'autre offrait quelque repère
Ou quelque espoir encore, au-devant de l'enfer
A la levée d'écrou.

Ce tourbillon avant la nuit

Les vortex de la vie ont gardé à distance
Le cercle de la mort.
Le tourbillon des sens, des heures gaspillées
Ou des humeurs vernales,
Ecarte pour un temps l'avancée des remords
Au-delà des lueurs de l'aurore.
On danse, on rit, sans regarder dehors
Où se serre la boucle
Lentement, sûrement, sans effort,
Sans bruit et sans douleur, mais tenace.

A midi, sous les feux d'équateur,
Si transparaît parfois, à travers les fenêtres
Du train grande vitesse,
Des fractions d'étincelles trop noires,
A peine on aperçoit l'allure ralentie
Imposée par le temps ;
Et l'on voudrait courir, conservant dans les bras
Tout ce qui nous aspire,
Lors même que s'approche, encore subreptice,
Ce qui, depuis l'initiale sortie de la nuit,
Nous tient à portée de sa main.

Lorsqu'à quelques coudées ou replis de l'histoire
Les cellules usées de nos corps dénoués
Deviendront immortelles
A force de torsions,
Et que nous oublierons que tournent les humeurs,
Si nous sommes de cœur, et d'amour quelquefois,
Restera tout autour,

...

Au tréfonds du colon encombré d'immondices,
Ocre, le cercle de la mort :
D'entrailles nous sommes aussi.

Les vortex de la vie garderont à distance,
Mais pour un temps, un infime sursis,
A force de fureur ou d'aveugles silences,
Le retour de la nuit :

Juste un vol de colombe,
Jusqu'à ce qu'elle tombe.

Au monde

Du sommet de la dune altière
Ancrée dans notre imaginaire,
S'étale, étal et si doux l'océan
Que nos pensées s'évaporant
Nous bercent, nous apaisent,
Sans se soucier de ces falaises
Dont on n'entend pas le fracas.

Puisque notre esprit vagabonde,
Charmé de l'illusion de l'onde
Sous la volupté d'un couchant,
Puisqu'il n'en voit que le touchant
Du beau, cet alléchant mensonge
Tenace, il oublie que s'y plonge
L'amoncellement des tracas.

Si l'eau de mer qui s'évapore
De mil vents, profitant des efforts
D'un cumulus vers les sommets,
Reprend sa course et à jamais,
Quel triste sort est donc le notre
Ignare, impuissant, qui se vautre
Avant que de se consumer !

Ici, pervers scintillement
Dont le balancement nous place
Dans le cœur de ce faux firmament,
Fascinés des étoiles de glace,
Nous subissons en overdose
La cécité de notre hypnose,
Sans pouvoir rien sauvegarder.

...

Plus vite le temps que le sable,
Au sablier jamais bien charitable,
Nous charrie, sans nous laisser loisir
De jouir pleinement des désirs,
Dont pourtant il nous a inondé ;
L'ocre pas même accumulée.

Tant de fleuves, ici jetés,
Abondent de fiers souvenirs
- que l'on ne voit de la jetée -
Que s'y retrouvent des sourires
A tant de larmes mélangés,
Dont l'étincelle déchargée
Ne garde qu'un reflet des cieux.

Parmi les algues nonchalantes
Flottent des phrases éternelles,
Les derniers mots de cette amante
Ou l'épouvante d'un mortel.
Usées, des épaves mouvantes
Sans arrêt pleurent, se lamentent,
Leur illusoire foi aux dieux.

Si au moins le follet de nos âmes
Pouvait enfin nous garantir
Une archive à l'envi, l'infâme
Glisserait malgré nos repentirs,
Jusqu' à presser notre présent
Vers le temps assuré, disant :
La nostalgie, c'est pas sérieux.
Se mêlant sans frayeur

Aux vapeurs exhalées,
Vois-tu, sombre penseur
Ces âmes en allées ?

Compensation

Dans un océan de silence
Etalé depuis peu
Comme fausse vacance,
S'agite comme peut,
Minuscule ferment,
Un ensemble de mots
Ou noirs, ou dirimants,
Qui calfeutrent nos maux.

S'ils sonnent comme cris
Las et sombres encore,
Nos poèmes écrits
Font l'envers du décor,
La monnaie de la pièce,
Le paravent de yeuse
Qui protège la liesse
D'une vie capricieuse.

La houle solitaire
Mouvante d'impatience
Au temps du serpentaire,
Nous sert en alternance
Quelques bulles bavardes
Qui corrigent pour nous
Ces heures que lézardent
Les espoirs que l'on noue.

...

...

Dans les ombres du monde
Coupable d'être heureux,
Au milieu de ces ondes
Bleues, tout en camaïeu,
Nos vagues d'écritoire
Délaissent leur écume
Pour jauger nos histoires
Aux bonheurs que nous eûmes.

Ainsi se sème au vent
Contraire et tyrannique,
Sans air fol ou savant,
Chaque ode nostalgique,
Pour laisser s'échapper,
De la beauté des choses,
Aspirées par lampées,
Les cent métamorphoses.

II.Où l'amour s'ancre

Je suis l'amour

Vous me voyez chaque matin dans le regard
De ceux qui vont par deux partout.
Dans leur allure buissonnière et puis sans fard
Regardez-les, contents de tout.

Je suis le temps qui sur l'étang coule et s'étend,
Je suis l'amour évanescent.
Chaque printemps vient le printemps par tous les temps,
Je suis l'amour impénitent.

Vous percevez, mais sans l'entendre une musique
Accompagnant des pas légers,
Et s'il advient qu'elle vous rende nostalgique,
C'est faute de la partager.

Je suis le temps qui sur l'étang coule et s'étend,
Je suis l'amour évanescent.
Chaque printemps vient le printemps par tous les temps,
Je suis l'amour impénitent.

Une douceur, aux vents farceurs, accroche aux cœurs
Un doux pétale étal et pâle,
Comme la peur de ce bonheur qui nous effleure
Lorsque le cœur enfin s'emballe.

Je suis le temps qui sur l'étang coule et s'étend,
Je suis l'amour évanescent.
Chaque printemps vient le printemps par tous les
temps, Je suis l'amour impénitent.

...

...

Comme il n'est pas d'éternité, sans gravité
Vous graverez où qu'il vous plaise
Sur l'or ou le rubis, l'arbre, le granité,
Vos cœurs, de l'aube jusqu'aux braises.

Je suis le temps qui sur l'étang coule et s'étend,
Je suis l'amour impénitent.

En désir

Si perle au carrefour encore
Une ardeur agitée sans rive ni pudeur,
Et si l'esprit vainqueur
Te flatte et sur l'instant t'assure
Qu'à jamais, nos amours n'étant qu'une aventure,
Tout vaut dans cet accord,

Regarde si ton âme édulcore
De ce doux sentiment les couleurs,
Et vois si dans ton cœur
Qui lève plus souvent qu'en mesure,
Comme fait sur le pain la levure,
Chante plus que le corps.

Si la femme amoureuse endort
Sous son charme et nos sens, comme autant de liqueurs,
Notre foi de chasseur,
Parfois jusqu'à s'offrir en parjure
Au désir animal qui nous mure,
C'est l'amour qu'elle implore.

Ce baiser

Un matin de septembre en rosée de diamants
Eclairant doucement le fil de chaque branche
Et le vair de ses yeux, s'est posée lentement
Une feuille dorée sur le bord de sa manche.

Son sourire concentrait les plaisirs de l'aurore.
En clin d'œil dérobé, elle imprima ses lèvres
Sur la feuille, écarlates, comme un cadeau en or.
Alors, l'ayant lissée, devant mon air de fièvre,

L'a placée dans ma main. J'en garde sur la peau
Encore le frisson. Puis sans du tout rien dire,
S'est levée, prit son sac, ajusta son chapeau…
Avant que, en silence, commencer de partir.

Qui sait si les amours de nos jeunes années
Disparus sans raison, oubliés en soupir,
Ne sont pas les plus beaux, faute d'avoir duré…

Retrouvant ce matin la feuille de l'automne
Et ce baiser posé, comme la vie m'étonne !

En ritournelle

Ce matin que j'allais sifflotant,
Bien heureux de ma vie de l'instant,
La tendre ritournelle,
Celle qui donne des ailes,
Vous offrant comme un goût de printemps,

J'ai croisé une amie d'autrefois,
Ingénue comme on en a parfois,
Dont j'ai pris des nouvelles,
Elle aux humeurs si belles,
Fantasmant. Mais, ma foi :

On n'a pas, comme on dit,
Consommé,
On s'est pas, comme on dit,
Consumé :
Nos petites étincelles
Sont restées dans l'escarcelle
Des rêves étonnés.

Dans ses yeux dansaient nos souvenirs,
Souvenirs des moments à venir,
De nos courses rebelles,
Nos baisers virtuels,
Ceux qu'on garde en envie d'en mourir.

...

Dans mes yeux dansaient tous les plaisirs
Ceux qu'on rêve goûter à loisir,
Qui nous brûlent les ailes
En faisant, éternels,
Patienter nos impatients désirs.

On n'a pas, comme on dit,
Consommé,
On s'est pas, comme on dit,
Consumé :
Nos petites étincelles
Sont restées dans l'escarcelle
De nos yeux résignés.

On a ri, on s'est pris par la main,
On avait tout le temps vers demain,
Mais sans chambre d'hôtel,
Amour, ni bagatelle,
Profitant des parfums du jasmin.

Quand enfin à l'orée de ce soir
Sur un petit baiser d'au revoir,
Un rire artificiel,
On a laissé le miel
Du bonheur qu'on a fait qu'entrevoir,

On n'a pas, comme on dit,
Consommé,
On s'est pas, comme on dit,
Consumé :
Nos petites étincelles
Sont restées dans l'escarcelle
De nos corps écœurés.

...

Telle une encre au bord de l'écritoire,
Séchée sans avoir écrit d'histoire,
J'ai l'image fidèle
D'un songe d'étincelles
Qui portait nos promesses d'espoir.

Va savoir si notre purgatoire,
Pavé des intentions les plus noires
Laissera l'étincelle
Au fond de nos prunelles,
Comme un sac trop rempli de mémoire...

On n'a pas, comme on dit,
Consommé,
On s'est pas, comme on dit,
Consumé :
Nos petites étincelles
Sont restées dans l'escarcelle
De nos cœurs présumés.

De nos vies le mystère

Profite de ce vent
Qui rafraîchit ta joue.
Il te vient de partout
Là où les continents
Oublient d'avoir un nom,
Ou bien d'un bloc de glace
Ignorant l'horizon.
De l'aube jusqu'au soir,
Que ton regard fugace
Observe avec espoir…
Quel que soit le mystère.

Quel serait le repère
A la course des mers ?

Tu occultes tes yeux
Qui errent sur le sable,
Comme si les joyeux
Estivants, laids, minables,
N'étaient que farfadets,
Pour ne voir que ton cœur,
Saignant, pauvre dadais,
Sur l'amour baladeur,
Menteur à tes espoirs,
Ou de la vie son mystère.

Il n'est pas de repère
A la course des mers.

...

Les vagues chaque instant
S'évacuent de la grève,
Mais nul jamais ne rêve
Que leur retrait constant
Sera définitif…
Lors, quel que soit, fragile,
La folie de l'esquif,
Il vogue d'île en île,
Sans penser à l'espoir…
Ni craindre le mystère.

Un chant éternel

Dans la nuit, sous les jours,
Au fond de l'océan
Où s'agitent toujours
Les âmes des amants,
Inassouvies,
Un chant berce la houle,
Discret, épanoui,
Ignorant de la foule
Les regards mécréants.

Quand, aux voiles d'aurore,
Se moquent du néant
Les cœurs qui se décorent
Ou les corps qui s'écœurent,
Voilà que gîte aux vents
Invisibles, moqueurs,
Un amour décevant.

Sous les jours, dans la nuit,
Les flots s'en indiffèrent,
Coulant jusqu'à l'oubli,
Jusqu'au prochain mystère :
Un couple, avant l'ennui.

Car le chant berce encore
Au maelström de la vie
Les cœurs qui se décorent.

Le départ de Lou

Puisque tu quittes Apollinaire
Après cent ans à cette adresse
Passés à emplir de tendresse
Tous tes espoirs et tes repères,

Puisque ce livre-là s'achève,
Que Jolie Lou change d'images,
Même jaunies sur quelques pages,
Pleines de mémoire et de rêves,

Rejoins la suite des poèmes
Que font les jours et les désirs :
Puisqu'il reste tant à écrire
Cueille les fleurs comme tu aimes.

Ciel bleu

Aussi tortueux qu'il te soit,
Ou sinueux qu'il te paraisse,
Mon chemin mène jusqu'à toi
Doucement comme une caresse.

Bien sûr il a fallu des cols
Et quelques gouffres sur mes sentes,
Il a fallu que je m'envole,
Eviter les affres des pentes

Où s'en allaient, les soirs rebelles,
Mes idées noires sur le monde.
En recherche des étincelles
Qui emportent sans fin la ronde

De mes espoirs émerveillés,
Tendus vers quelques tentatives,
Ou de ma rage amoncelée.
Il a bien fallu que je vive.

Aussi tortueux qu'il te soit,
Ou sinueux qu'il te paraisse,
Mon chemin mène jusqu'à toi
Doucement comme une caresse.

Quelque fut l'aune du parcours
Avec ses joies avec ses peines,
Si quelques fois encor je cours
Après je ne sais quelle aubaine,

...

A chaque aurore te voilà

Première lueur à mes yeux,
En miracle je te vois là.
La femme seule est un ciel bleu.

Aussi tortueux qu'il te soit,
Ou sinueux qu'il te paraisse,
Mon chemin mène jusqu'à toi
Doucement comme une caresse.

Ma rousse

Elle était fière, elle était rousse
Et moi sans force pour lutter.
Elle m'a dit de sa voix douce :
« *tu peux dormir ici, tu sais* ».

Au creux de ses bras, de sa mousse
En butinant sans retenue,
J'ai grignoté toutes ses gousses
Tout le sirop de sa peau nue.

Un coin de l'œil sur sa frimousse
A l'entame des jours si doux
Me voilà seul parti en douce,
Au paradis, je ne sais où.

Sorti juste de ma cambrousse
Si même elle tenait ma main,
J'avais toujours comme une frousse
De l'égarer sur mon chemin.

Elle acceptait que je retrousse
Ses lingeries, comme un vaurien,
Mais il suffisait qu'elle tousse
Je courais chez le pharmacien.

Si par les nuits de lune rousse
Solitaire elle errait de songes,
Nul besoin qu'elle me repousse
Ni qu'elle m'invente un mensonge.

...

...

Las, les amours vécus en douce
Se moquent de la grande histoire,
Un petit rien les éclabousse
Puis les limite à l'écritoire.

Lasse de moi et de ma housse,
De tous mes tours désenchantée,
Elle était fière, elle était rousse,
Et m'a quitté en fin d'été.

Reste qu'aux soirs où tout s'émousse
A l'orée de cent idées noires,
Son cœur me vient à la rescousse
Pour coloriser ma mémoire.

A l'équinoxe

C'était un neuf octobre et, distraites sans doute,
Les sibylles n'avaient, malgré le clair du temps,
Rien prévu de notre décadence.

L'amour, qui mélange à l'envi, selon nos routes,
Alchimie des humeurs et fantasmes déments,
Nous risque le vide en permanence.

Si le temps se prétend un constant métronome,
Chaque aurore varie, peut-être pour contraindre
A de fous changements nos cœurs sages,

Et inquiets, ébouriffant nos tics économes
Dont l'allure prudente ou osée nous fait craindre
L'inconnu d'un nouvel aiguillage.

De nos plages lassés, et nos cœurs sans espoir
Nous comparions, amers, le carcan de nos peines
A l'aune de nos projets éteints.

Conscients de ces valeurs laissées au reposoir
Près des serments sacrés, nous reprenions haleine,
De l'amour et la vie, incertains.

Mais l'aurore qui chasse et le passé qui passe
Et les nocturnes peurs, illumine nos jours :
Que s'ouvrent à nos cœurs nos paupières.

Sous l'horizon diaphane où guère ne dépasse
Que de tendres couleurs, nos yeux à contrejour,
Nous rêvons de nouvelles lumières.

...

Tant et tant, au futur, que jouent les étincelles
Les joies de mille fleurs vernales. Les sibylles
L'ont dit : demain vient le bonheur.

Quand coulent les désirs irrigant nos parcelles,
Comme à la pente le ruisseau, à nos yeux brille
Celle qui s'abandonne aux douceurs.

Chaque aube désaltère et dévoile le charme
Qui caresse une belle endormie, effaçant
Net, la pantouflarde Cendrillon.

En s'échappant des murs assagis de nos carmes
Nous rions sans raison des écueils menaçant
Pour plonger vers l'avenir brouillon.

Nous sautons de la sorte en vue d'escales neuves…
Et tant pis si novembre amoncelle l'orage,
Pourvu qu'on rêve encore et encore.

Comme la foi, la vie se dispense de preuves.
Elle fouille à l'envi sans se soucier de l'âge
Sans voir que seul change le décor.

***

Tandis que les humains, sans rien qui les dévie,
Ne s'orientent jamais qu'au gré de leurs amours,
Les sociétés de même, obsédées de survie,
S'amusent, amassant, des airs des troubadours...

Oui mais

Toutes les lumières de mes nuits
Toutes les nuits de mes espoirs
Tous mes espoirs de fuir l'ennui
M'ont écrit une belle histoire,
Bien au-delà de cent romances
De joie ou de désespérance.

Oui, mais
…L'amour auprès de toi
Eclaire tout dans la seconde.
Si les tendresses d'autrefois
Ont embelli mon cours du monde,
Il n'y a plus que toi et moi
Dans cette ronde.

Chaque voyage aux quatre vents,
Chaque folie des femmes belles,
Chaque passion prévue cent ans
M'ont ébloui, plein d'étincelles
Jusqu'à en perdre la raison.
A se briser mes horizons.

Oui, mais
…L'amour auprès de toi
Eclaire tout dans la seconde.
Si les tendresses d'autrefois
Ont embelli mon cours du monde,
Il n'y a plus que toi et moi
Dans cette ronde.

…

Parmi les fleurs de mes chemins,
Les chants des oiseaux exotiques
Moquant ce que j'ai dans les mains,
Jusqu'à mes rêves romantiques,
Ont jeté les parfums d'absence,
Pour renier la marcescence.

Oui, mais
…L'amour auprès de toi
Eclaire tout dans la seconde.
Si les tendresses d'autrefois
Ont embelli mon cours du monde,
Il n'y a plus que toi et moi
Dans cette ronde.

Quand viendra le dernier instant
Où goûter ta poitrine douce,
Quand je saurais qu'il n'est que temps
De m'allonger dessous la mousse,
Parmi la horde des images
Je garderai tes baisers sages.

Oui, car
…L'amour auprès de toi
Eclaire tout dans la seconde.
Si les tendresses d'autrefois
Ont embelli mon cours du monde,

Il n'y aura que toi sans moi
Pour faire la ronde.

à R.P

Croisées

Tu étais en ces temps une femme ordinaire
A peine une cliente occupée d'une affaire.
Inquiète et réservée, mais emplie de secrets
Dispensés d'une voix douce et tendre à l'oreille.
Tu berçais lentement mes rêveries. Distrait,
Je me demandais quels amoureux sans pareils
Avaient pu doucement, te prendre dans leurs bras.

Un matin de soleil, le hasard s'est mêlé
De nos chemins épars, et pour les emmêler.
Aux croisées de null' part, nos regards ont saisi
Comme un brin d'étincelle oubliée, oublieux.
Parmi la vieille ville aux rues de fantaisie,
Insouciante tu t'es, un grand sourire aux yeux,
Tendrement, sans un mot, accrochée à mon bras.

Plus loin, tandis qu'au ciel d'été, sans partition,
Chantaient des mélodies joyeuses, nous promenions
Nos yeux et nos mains et nos cœurs, innocents,
Sur nos rêves sereins à l'issue incertaine.
Puis en soirée, repus d'envies, de pas, et sans
Voir d'avenir, sur ma bouche, mais à peine
Tu as posé tes lèvres, accrochée à mon bras.

...

Mais le cœur trop souvent s'agite et précipite…
L'automne aussi s'en est allé, comme le temps, trop vite,
Laissant s'amonceler les feuilles d'amour mortes,
Avant qu'au moindre vent, aux folles peccadilles,
Amnésiques douceurs, s'envolent et s'emportent
Les mots et les soupirs.
       Déjà tout s'éparpille,
Si je te rêve encore accrochée à mon bras.

            à M-C L

Mon ange

J'ai cherché très longtemps parmi le monde étrange
Celle qui calmerait à jamais mon effroi,
Rêvant, comme un gamin, de rencontrer un ange,
Jusqu'à voir, à côté, que l'amour c'était toi.

Maintenant que nos vies et tous leurs jeux étranges
Étincellent sans fin, effaçant nos effrois,
Nous volons dans le bleu à chaque saut de l'ange
Et les moments heureux coulent auprès de toi.

Sous la clarté des cieux, nos nuits parfois étranges
S'apeurent de se perdre au gré de quelque effroi
A me faire oublier, au reposoir, mon ange,
Que la vie ici-bas est un enfer sans toi.

Quelques fois - le sais-tu ? - tes mots me sont étranges ;
Tu me parles d'amour, et je ne suis qu'effroi
Devant l'abîme proche…
Le vois-tu, toi, mon ange,
Que ce parcours divin me mène loin de toi ?

L'hirondelle.

Elle s'en va comme une étoile
    Qui s'éteint lorsque vient l'aurore ;
Chaque matin, elle met les voiles
En me laissant tout seul au port.

    Elle revient à tire d'aile
    De lieux secrets, jusqu'à mon nid,
Quand elle est là, mon hirondelle,
Le soleil sort et resplendit.

    Lorsqu' elle approche elle me chavire...
    Comme il est doux de chavirer,
Mêm' si demain, pauvre navire
Aura du mal à naviguer.

    Lorsqu'elle s'envole, un peu rebelle,
    C'est juste pour mieux revenir,
Pour éviter, enfin dit-elle,
De s'excuser des repentirs.

Je me convaincs qu'il est écrit
Qu'heureusement les hirondelles
S'en reviennent, avril fini,
Faire le printemps des demoiselles.

Hélas, elle a fui d'un coup d'aile
Depuis déjà quelques matins.
Dès lors je hais les hirondelles
Faute de nouvelle ou de rien.

            ...

J'ai beau tenter border ma voile
Au vent du large, aux vents d'ailleurs,
Chercher ma pépite d'étoile
Comme ferait un orpailleur,

Si l'on se dit qu'être infidèle
Guérit parfois des illusions,
Je ne veux pas faire fi d'elle,
Ne veux pas baisser pavillon.

Mais sa boussole oublie le nord,
Abandonnant ma caravelle
Au courant triste, le plus fort,
Qui chante encore sa ritournelle :

« Tendre marin, tu te rappelles ?
Combien de fois as-tu filé
En ne laissant que des parcelles
A celle qui t'avait aimé ?

La vie n'est que bouts de ficelles,
De vol en vol, il faut voler,
L'amour n'est jamais éternel,
Les voiles pas toujours gonflées.

Dis-toi que lorsqu'une hirondelle
S'en va migrer vers d'autres ports,
C'est le printemps que d'un coup d'aile
Elle va porter encore, encore. »

Ricochets

Comme la pierre plate,
Elle volait sur l'eau
Légère et insouciante,
Cette amour bénévole.
Et chaque éclaboussure
Chantait d'éclats de rire,
Chaque étincelle d'eau
Diffusait ses lumières,
Et tous les ricochets,
De rebond en rebond
Aéraient de bonheurs
L'espace de la vie.

Comme la pierre plate
Elle volait sur l'eau
Sans miracle ou magie
Par la force des choses,
Cette force qui porte
L'humain dans ses amours.

Comme la pierre plate
Elle volait sur l'eau
Légère et insouciante…
Avant que de couler.

Tant pis pour les abysses
Où s'abîment en fin
Tous nos amours de pierre
Qui ont rêvé voler.
Le vol a son histoire
Qui suffit dans l'instant,
Alors on verra bien
Au prochain ricochet.

Mais qu'espérer de plus
De cette vie frivole

Qu'être pierre qui vole ?

Au-delà du delta

Nous sommes tous les deux amateurs de balades
Aux chemins sinueux à travers mamelons
De satin, d'herbe tendre. Et par vaux et par mont,
Tu m'enivres souvent de douces promenades.

Etourdis d'alizés aux épices sapides
Nous glissons, mais chargés de brassées d'aventures,
Aux déserts sillonnés d'impétueux rapides,
Avant que de brûler nos haleines d'air pur.

Vogue, vogue, dis-tu en suivant le roulis,
Je te donne à l'envi, fluide de la vie,
Mon humeur ou mon miel ; que tu plantes des fleurs
A chaque croisement du sentier de nos cœurs.

Peut-être que l'amour qui jalonne les sentes
Efface de la vie la joie souvent absente,
Ou les malheurs du monde et noir et fou, peut-être…
Mais il est le chemin qui seul permet de naître.

Saoulés gaillardement des douces promenades
Les vents comme ton souffle ajustent l'incendie :
Nous aspirons plus loin à d'autres cavalcades
Qui chantent dans nos yeux ce que l'on n'a pas dit.

Laissés flottant dans l'air, débarrassés des armes
Vers le seul but qui vaille et l'unique combat,
Nous « pousse le courant jusque dans ton delta » *
Où se perdent les jours où dévalent les larmes.

* formule empruntée à R. Desjardins

Etre

Je veux être pour toi, ma câline,
Le vent qui vient de l'âme,
Le vent qu'un cœur réclame,
Ce tendre vent du soir caressant les collines.

Je veux être pour toi, ma câline,
La houle sur la grève,
La houle de tes rêves,
Cette houle de vent au fond de la ravine.

Je veux être pour toi, ma câline,
L'espoir de tes désirs,
L'espoir d'un avenir,
Cet espoir d'une houle épargnant des épines.

Je veux être pour toi, ma câline,
La mélodie des jours
La mélodie d'amour,
Cette mélodie douce d'espoir, cristalline.

Je veux être pour toi, ma câline,
La vie des jours heureux
La vie d'envies à deux,
Cette vie envolée aux mélodies divines.

Bref exil

Quoique les cieux encor scintillent,
Au coin de tes yeux brille
Seule une larme énamourée.

Devant tous ces maux qui défilent,
Oublie ce bref exil
Qui laisse ton âme au silence.

Vois-tu, autant que tu le saches,
Chaque soupir te cache
Les doux sentiers de l'abondance.

Aussi, de ton cœur écœuré
Du rêve évaporé,
Chasse le train de ses rancœurs.

Comme au bonheur des jours d'enfance,
Reviens et vois que dansent
Au fond de toi d'autres lueurs.

Au balcon

Au bord du lac de nos dimanches
Où notre père allait pêcher,
Je restais sur le quai de planches
A observer, là, sur la plage
Bronzant, les femmes étalées :
Il n'est pas plus beau paysage
Que l'échancrure d'un corsage.

On admire le Taj Mahal,
On gravit le Chimborazo,
On voit de Rio le carnaval,
On se rassasie des images
De Venise et d'Acapulco :
Il n'est pas plus beau paysage
Que l'échancrure d'un corsage.

Le souvenir de l'Acropole
Des monts Hymette ou de Vénus,
Les mamelons de toute école
Bien sûr ont marqué nos passages,
Mais rien qui nous émeuve plus :
Il n'est pas plus beau paysage
Que l'échancrure d'un corsage.

Même si pour leur bon plaisir
Les dames douces nous font grâce
De nos envies ou nos désirs
Dans la douceur ou le carnage,
Pour les hommes rien qui surpasse :
Il n'est pas plus beau paysage
Que l'échancrure d'un corsage.

Lorsque viendra le soir d'été
Où il faudra laisser la place,
Qu'on nous permette d'arrêter
Notre regard sur cette image
Qui nous apaise et nous terrasse :
Il n'est pas plus beau paysage
Que l'échancrure d'un corsage.

Terminus

Au loin passait un train, au fil de deux secondes
Petite bulle d'un niveau, dans le silence
Et comme vide. Est-ce ainsi que file le monde
En effaçant des bonheurs la luminescence ?

Chaque aurore nous offre un parcours flamboyant
Ou taciturne encore, et colore nos bulles
De plaisir ou chagrin, mais aux yeux des voyants
Plus rien ne transparaît, quoi que l'on gesticule.

Tout est-il donc si vide au cœur de chaque chose
Pour ne laisser jamais qu'une éphémère trace
Au final inutile, après l'éclat morose,
Sinon que transférer la vie à notre place ?

Pourtant, c'est au sortir du hasard d'une gare
Promise à l'étincelle ou caresses en flux,
Sans égard des reflets de perle à son regard,
Que tu finis par dire : « *et…je ne t'aime plus* ».

Au loin passait un train, au fil de deux secondes,
Petite bulle d'un niveau dans le silence…
En cessant de pleurer ce passé qui l'inonde,
Aux rires des enfants, elle entre en résilience.

Aller simple

Avant qu'il ne pleuve à nouveau,
Que les lambeaux d'hier
De nos amours tout neufs
Se diluent en un ciel d'orage
Ou que l'on songe à se parer
Pour un nouveau soleil après averse,

Voyons comment encore on s'aime,
S'il est à cela quelque utile raison,
Si les vents capricieux
Qui mènent les nuages à l'ondée
Ou les chassent en canicule,
Savent encor seulement ce qu'ils font.

Disons toujours tous les murmures
Qui caressent nos crépuscules,
Qui enchantent nos habitudes,
Mettent nos gestes en musique,
Elèvent au fond de nos regards le bel azur.
Disons les chants de nos cœurs, de nos corps.

Avant qu'à l'heure exacte et brutale-
– comme une coquille, d'un coup, se casse –
Ne se déchirent les fils du décor,
Et jettent des rais de lumière
Sur l'illusoire beauté de l'inconnu,
Montrons-nous, tant qu'on peut, combien l'on s'aime.

Montrons-nous le chemin des amours.
Nous savons maintenant qu'ils n'ont pas de retour.

Pâquerette

Je t'aime un peu, dès que
S'exhalent les parfums du jour.
Il suffit que les feux
Vêtissent d'or les atours
De ces danses sorties de nos nuits
Loin du sommeil lépreux qui ennuie.

Beaucoup, beaucoup je t'aime
Quelques soient les fausses pudeurs,
Les clameurs, les blasphèmes.
Ecrasés des chaleurs
D'un midi sans respect ni vergogne
Nous refusions, du temps, qu'il nous rogne.

Nos mains passionnément
Se gavent encor plus que bouche
Au fil de nos tourments.
A peine un instant je te touche
Que tout autour se perd et se tait
Comme si rien de rien n'était.

Sans être fou, je t'aime,
Au soir des amours assagies,
Loin des plaisirs, des poèmes,
Des envolées régies
Par la chimie des cœurs en haleine.
Nous voici dans les vents d'obsidienne.

...

...

En sera-t-il de même
Lorsque demain sur le jour noir,
Crachant quelque anathème
Au front du désespoir,
J'aurai vidé ta couche de tout,
Muet, sans jamais dire : « *pas du tout* » ?

Sans issue

Tu m'as conté les jours, ceux de rebrousse-cœur,
De l'enfant sans amour, délaissée en rancœur
Par la mère fautive et le père évanoui.

Tu m'as conté les jours de l'impossible attente
D'un regard ou, pour un brin d'histoire clémente,
Dans l'espoir de sentir ton âme réjouie.

Tu m'as conté les jours de la belle rebelle
Insensible aux discours et ne rêvant que d'ailes
Pour s'envoler ailleurs qu'au pays de l'enfance.

Tu m'as conté les jours qui, faute de rien faire
Que servir tes atours dans les froids de l'enfer,
T'ont montré, de la vie, seul le goût du silence.

Tu m'as conté les jours enrobés de mensonge
Sans croire à un détour aux carrefours des songes
Pour assurer ta vie et celles protégées…

Nos jours après nos jours, dans ces contes faciles,
Tandis que reprenaient ces habitudes viles,
L'enfer s'est propagé.

Nous voilà étrangers.

à M.K

Heureux malentendu

Je marchais en rêvant sur les trottoirs si noirs,
Distrait, non loin ce sombre soir
D'une silhouette élancée,
Sans n'en rien voir que les talons perchés.

Peut-être le hasard, pour faire un pied de nez
A mes restes d'adolescent,
Voilait mes yeux évanescents,
Mais, après deux ou trois carrefours, étonné,

Je la vis, d'un éclair, me faire front, campée
D'un sourire moqueur, à la hanche
Un poing gauche, un air de revanche
A son œil assassin, sans un mot, me gifler !

Il en est des hasards comme d'une caresse
Qui électrise et vous réveille
Des banalités de la veille,
Sans jamais que l'agression, un peu, vous blesse.

Resté muet, comme en réponse à son mutisme,
Je la vis me tourner le dos
Pour s'en aller, sur ce cadeau,
Vers je ne sais quel avenir de romantisme…

Démarche chaloupée, déhanché généreux,
Sans pouvoir rien cacher, ainsi,
De sa pulpeuse anatomie,
Elle éveilla chez moi, un tic tumultueux.

Alors, bien m'en a pris,
Je la suivis.

Niet

On croit parfois qu'elle nous aime
Pour un bouquet, pour un poème,
Pour un je t'aime en bigoudis ;
On la caresse, on la décore,
On s'attendrit, on s'édulcore
Dès ses yeux alanguis,
Mais dans les joies du jeu suprême
Qui mène le corps à l'extrême
Jusqu'aux portes du paradis,
Comme un bigorne et un mulet
On savait pas comme elle allait.

L'ami Georges lorsqu'il déchante
Décrit comme elles sont méchantes
Sans une once de parti pris,
Et sans être un macho ultime,
Lui qui chantait le con sublime
L'a bien compris.
Moi qui ne suis, pauvre quidam,
Qu'un vagabond jouet des dames
J'en fus contrit.

Jamais de l'amour ne s'élague
La houle qui hausse les vagues
Dans les remous de l'appétit ;
Jamais encor ne se pardonne,
A l'instant où chacun se donne,
La réticence de l'esprit.
Elle offrait tout dans ses paroles
Polies d'une tendresse folle,
Mais laissait faire au bord du lit.
Comme un bigorne et un mulet
Elle était conne : elle simulait.

Conjugaison

J'appelle encore Amour ce qui vient des volcans
Ce qui sur son passage éparpille le reste
Ou brûle les instants du passé, sans carcan,
Alors qu'il faut lover son cœur loin de la peste.

Tu appelais Amour cette invention du feu
Soudain clair et joyeux, et qui enfin te hisse
Au bord de l'arythmie, sans garde au pique-feu
Qui ne laisse, brûlés, que des feux d'artifice.

Il appelait Amour la faim de ses désirs
Pour la chair de sa chère et l'envie du cocon,
Tandis que la colombe, excédée des vizirs,
Enfin les yeux ouverts, exècre le faucon.

Nous appelons Amour notre goût pour les fleurs,
Eblouis de beauté, pourtant si éphémère,
Qui se lève sereine comme reine à toute heure,
Sans ajout de bonheur pour sa propriétaire.

Vous appelez Amour, en vous flattant de vaincre
Au gré d'une faveur, un mensonge, une adresse,
Un pouvoir, tous vains à réussir à convaincre
Que l'offre est bien un don, que vous aimez sans laisse.

Ils appellent Amour leurs surplus d'émotion
Devant quelque malheur, leur art de consommer
La nostalgie sucrée, vivant de dévotion…
Ce qu'ils aiment surtout c'est leur plaisir d'aimer.

Si chaque amour qui passe laisse son exuvie,
On appelle l'Amour ce que souffle la Vie

Marbre trompeur

J'écrivais au jardin, sur ma table de bois
Que le vent s'amusait, faisant danser les feuilles,
A réveiller par jeu, afin que sous mes doigts
S'anime un peu ma plume, et sans que je le veuille.

La trace ainsi notée jouait en ligne droite
Et je ne sais plus bien si elle offrait un sens,
Au détour de cette encre, à des pensées étroites,
Ou bien si son chemin dénouait une absence.

Ell' s'appelait Ginou et j'avais incrusté
Sur la dalle du puits notre amour éternel :
« *A la vie, à la mort ! Ginou*» ; sans méditer.
Elle avait ri, avant de m'attirer sur elle.

« *Je préfère* » dit-elle, « *aux serments dans la pierre,*
Les mots que l'on susurre au soir à mon oreille,
De tes mains de velours les caresses altières,
Et les frissons tatoués sous ma peau en éveil » …

Se chamaillant sans doute en vue d'un moucheron,
Des pattes et de la queue, sur l'encre encor humide,
Deux lézards ingénus gribouillèrent en rond
Mon poème incertain. Laissant Sa trace vide.

Ecrire n'est qu'un blasphème au-delà de la mort :
Aussi fort que l'on aime, on n'écrit que le sel
De nos vies, pour l'instant. Quels que soient nos
remords Les pierres seules gardent l'amour éternel.

III.Vu du fiacre

Bout de papier

Combien de siècles a-t-il fallu
Pour que se fixe un territoire ?
De vents ou de pluies répandues
Pour commencer un brin d'histoire ?

Combien de graines a-t-il fallu
Pour ensemencer chaque terre,
Combien gâchées, combien perdues
Pour que chaque arbre enfin prospère ?

Combien de troncs a-t-il fallu
Aux ingénieux, combien de stères,
Combien d'arbres non défendus
Pour quelques feuilles papetières ?

Combien de pages a-t-il fallu
D'encre et d'efforts délétères,
Combien d'espoirs, de faux repères
Pour faire un livre qui soit lu ?

Combien de livres a-t-il fallu
Que j'en choisisse un exemplaire ?
Combien m'ont gardé, retenu,
Avant qu'enfin je les digère ?

Mais que m'importent les poètes,
Ce livre est terminé. Je le jette.

Maudits mots dits

Lucide du spectacle à ses yeux,
Le regard si clair
Sur ce monde si vieux,
La tête emplie de mots de verre,
La plume virulente,
Gaston courait les sentes.

A Montmartre ou ailleurs, dans l'idéal,
Ceux que les cons disent libertaires
Songent à la révolution sociale.
La verve du poète fustige à l'envers
Cette idée de première main :
Le bonheur, c'est demain.

D'autres rêvent d'égalité,
Imaginent sans fin le proche paradis,
Voient arriver l'humanité
Sur terre, pour chacun, du lundi au lundi,
Ou colorent toujours le monde en cent couleurs ;
Pour ne plus dire, ici, maintenant les douleurs.

Gaston courait les sentes
Jusqu'aux feux, jusqu'aux ors pervers,
Lâchant ses mots sans folle attente
Pour décrire l'hiver
Des pauvres diables, des sans rien.
L'œuvre libre, souvent, dépasse l'écrivain.

...

Mais il faut aux chemins choisir ses carrefours,
Lorsque la joie s'écœure
Des rivaux, des jaloux, des vautours,
Comment garder le cœur
A magnifier les paysans
A raconter les pauvres gens ?

Pour quoi, les yeux ouverts, le poète abandonne,
Lassé des compromis,
Et la course aux honneurs, et l'humeur fanfaronne.
La Bohème, mon frère – cette belle ennemie,
Cet habit chatoyant de lumière,
Toujours trop grand – se porte mal
Aux ors du carnaval.

A force de bile et d'alcools,
Le sac vidé du peu d'argent,
Le corps libère son licol…
Mais voilà toutes sortes de gens
Qui, d'un œil étonné, d'une oreille nouvelle
Décèlent l'étincelle.

Tout au fil des saisons,
Embrassant les mots dits,
Les heureux qui bientôt le liront
Au-delà du poète maudit
Ouvriront leur chemin de misère
Pour sortir de l'hiver.

Souvenir de Gaston Couté

Alphabet

On peut aimer les dés,

On peut aimer le thé,

Ou préférer lever,

Les cas, les airs, les ailes,

On peut aimer la paix,

Le cul, les pets, la haine…

On peut rêver encor de baie,

De fées, de faits

Préférer l'eau, la houe, les œufs, les haies,

Manier la hache, rester bée,

Laisser l'essai…

Mais l'étrange alphabet

Offre aussi le point G.

Sauvetage

Tandis qu'une effraie m'apeure
Un vapeur mord et fraie
Aux méandres distraits
Qui mènent nos ardeurs.

Vu qu'un tigre me pique
Où s'envole un rhinocéros
Je m'abîme en des tics
Extatiques, féroces.

Mon ennui qui s'ensuit,
Que dévoile un vieux voile
Déchiré au-devant des étoiles,
Me nuit et troue mes nuits.

Mes sommeils éclatés
Divulguent sans faiblesse
L'inquiétante beauté
De violentes caresses.

Aussi, devant le ciel percé
Recouvrant les horreurs de nos terres,
Je vois, malgré le monde austère,
Le beau comme une panacée

L'or et le mot.

La lutte est sans merci, mon salaud
Entre l'or et le mot.
Chacun sait bien qu'au cœur de chacune des phrases
Les mots portent l'espoir d'un monde enfin meilleur.
Mais c'est la chose qui l'emporte au-delà de l'emphase.
Dès qu'il a un peu d'or, l'homme oublie, et sur l'heure,
Qu'il avait des idées, des rêves, des envies
De lumière et de paix.
Dès qu'il y a de l'or il n'est plus que ce ventre
Insatiable et géant. Et l'humanité rentre.

Le cours du temps efface
De tombe en cimetières, comme gomme, l'espace,
Aux héritiers oublieux.
Tant que tournera la planète emmêlée
Ne se succéderont que les envieux.
L'attente généreuse
D'une terre et multiple et heureuse
S'évanouit, dès qu'il faut s'installer

L'âge mur écrabouille les plans
Des romanesques adolescents.
Pauvre argile modelé
Changé avant cuisson, en un or
Dur et froid. Voilà notre décor.

Ainsi depuis des lustres
Prévalent les escrocs, profiteurs, exploiteurs.
Sur la planète en rêve bleu
L'homme reste noir et rustre.
Il n'y a jamais eu d'humanité de cœur.

...

...

Ainsi les siècles filent
Assoiffés des trésors
Qui s'évaporent…
Ainsi l'Histoire, de bouts de fils,
Tisse l'indifférence
Et chaque jour recommence.

Croyance

Un point de vue que l'on défend
N'est jamais qu'un brin de mouvement
Dans une parcelle de temps
Déjà évanoui.

Que passe une nuit Voilà tout différent.
Les arguments d'hier
Les bons, les lourds, les fiers,
Perdent leur agrément.
L'ordre n 'est que désordre.
Devant les cieux changeants,
A pleurer ou à mordre,
La raison démissionne
Dès que le cœur nous sonne,
Ou à chaque tourment.

Ainsi de nos croyances
Nos justes espérances.
Tout comme les amours,
Chaque silence efface
Le passé, et nous glace.

Dans de nouveaux discours,
J'ai plaidé sans espoir
Tout le blanc et le noir,
Toujours en conviction…
Mais il n'est point de juge
Qui s'oublie ou se purge
Avant condamnation.
Peut-être tout n'est rien
Peut-être faudrait-il bien
Pour vivre se trahir.

Adieu 68

Je ne crois pas devoir, quel que soit le passé,
Témoigner du regard qui me reste à ce jour
Du temps où nous voulions un plus d'humanité.

T'envole chaque rêve à l'instant d'un réveil,
Lorsque le quotidien encor se met à jour
Effaçant les promesses gorgées de la veille.

Car si chaque journée peut les voir revenir
C'est toujours sans l'espoir d'une assise sereine
Qui pour des temps nouveaux soclerait l'avenir.

Même si un instant des juges authentiques
- s'il en reste parfois - nous ont accompagnés,
La justice a repris son pas lourd, monarchique.

Je ne suis pas déçu, j'ai fait à mon meilleur
Pour garder jusqu'au bout mes idées sans trahir,
Et qu'importe que d'autr' aient migré tout ailleurs,

Je n'ai pas d'amertume et non plus de regret
Pour avoir navigué sans envie de changer
Mon humaine boussole contre un radar doré.

Mais la masse s'accorde à s'assurer le pain,
Une place plus forte, ou bien quelque médaille,
Suivant au gré du vent son facile chemin.

Je ne crois pas devoir, quel que soit ce passé
Témoigner du regard qui nous reste à ce jour
Du temps où nous rêvions d'un plus d'humanité.

...

Que d'injustice encore aux pesées persistantes
Des balances anciennes, dont seul le fléau
Enfonce la misère, éternelle présente.

L'utopie pour demain reste un projet trop beau,
Quels que soient les effets qu'elle exige toujours.
Oui, quelques fiers rêveurs valent mieux qu'un troupeau.

Si ne reste qu'un peu, peu de trace au final,
Sur l'histoire ou le cours, ou même le décor
Du fleuve de ma vie, c'est déjà pas si mal.

Puisse chacun, au bout du temps, pouvoir se dire
-Au milieu de ces pleurs, et si le droit enterre
Jusqu'aux raisons de vivre ou brise les sourires-

Que l'on n'a pas trahi le peuple solidaire.

Dans un coin

Elle habite une sombre douleur
Dont chaque jour les pièces sont mouvantes.
Il n'est pas d'habitude
Où court le vent disert
Qui raconte en cascade
Un labyrinthe exsangue.

Elle sait les murs instables,
Les fenêtres sans vitre
Et les sols sans assise,
Cherche sans fin l'issue
Et sans fin se ravise.
Elle habite une sombre douleur.

Pourtant dans chaque coin
De son cœur et sa tête,
Persistante, s'entête
Une flamme fragile :
La terre n'est que fruits
La peur, une façade.

Ainsi parlait César

Attendu, on le sait, que l'erreur est humaine,
A moins que l'homme ne soit erroné ;
Attendu que de Rome la langue est incertaine,
Que sa grammaire et sa musique nous sont oubliées ;

Attendu que des parlers sont morts,
Quelle que soit la splendeur des destins et leurs chaînes
Qui les ont vu porter cent héros, mil trésors ;
Attendu que sous ces réserves souveraines,

La science étudie l'art des anciens, dans l'ardeur,
Sans certitude vraie, que celle que chacun
Accorde à son propre propos, et sa rigueur
Limitée par ses seuls acquis, même tribuns ;

Attendu que la foi en moult dictionnaires
Doit être tempérée d'un fin cartésianisme
Afin que nul, aveuglément, se perde ou encore erre
Sur le chemin tracé au hasard du charisme

De quelque leader fou, ou pervers ; attendu
Que ni plaideur, ni juge, ni censeur ou même
Philosophe ne peut prétendre avoir connu
La Vérité, nul meneur traiter ses dits en théorème...

...

Par ces motifs
Et sans poncif,

Vu les Judas, Brutus et tous les Ganelon
Les Ugolin, Zamor, qui trompent à foison,
Tant pis pour le Bornèque, et fi de la grammaire,
Je vais garder encor, quelque latin que j'aie appris -
Sur les bancs si experts d'un petit séminaire –
Qu'au traitre on peut jeter, oui : « *tu quoque, fili* ».

À propos d'une querelle latiniste
entre amis. - à DF

Monarque

Ici les papillons, éperdus du parcours,
S'en viennent, par saison, garants de l'avenir,
     En nombre pour mourir.

Dans l'instant pathétique où se donne l'amour,
En échange cruel, inutile remord,
     Se présente la mort.

Tandis que dans ce temps, triste et fou, l'homme court,
Oubliant, impudent, bien que belle à l'envi
     Ce que c'est que la Vie.

La bouteille

Dans le silence solitaire
Issu des choix et des hasards
De toute vie, elle se terre
En attendant quelque départ,
Mais ainsi reste (toujours) en retard.

La voilà vide et délétère
Selon son choix, liée au hasard
Et larmoyant sur sa misère
Les yeux fermés, perdant ses phares
Devant ces cris morts qui l'effarent.

Pourtant autour tout est pareil,
Tout s'illumine à qui veut voir.
Mêm' sans rêver tout en merveille
Une étincelle dans le soir,
S'infiltre au cœur à entrevoir.

Pour s'en aller sans désespoir
Boire ce que gardent les bouteilles,
Il n'est pas besoin d'une histoire
Qui à chaque heure vous émerveille :
On est aveugle à ce(ux) qu'on raye.

Derrière le ciel de son regard,
Les coquelicots sur ses joues,
Elle méprise les miroirs
Tristes rappels d'un passé fou,
Pour se cacher sous un verrou.

Au-delà des miroirs pervers,
Elle a refusé qu'il l'emmène,
Consume sa haine à l'envers,

Au culot des bouteilles vaines.
Vivre n'est qu'un moment d'aubaine.

Noyée par une vie sans vie,
A force de soif et de rage
Contre ce passé démoli,
La voilà qui tourne la page
Lassée des espoirs infinis
Avant qu'elle soit finie.

L'oubli

Si l'ogre mange le petit Poucet,
Qui, lui, croyait à la famille,
On s'émeut cinq minutes, discret,
Pleure sur sa propre tristesse,
Et puis on s'éparpille…
Ou bien on tue le loup, en vitesse,
Puis on oublie.

Elle épouse son prince charmant
Qui la réveille quelques temps,
Ou la libère et des cris et des bleus,
Mais l'horloge trop égale
Puis le cœur à cœur étal
Amènent au foyer Barbe Bleue.
Alors elle prie Puis elle s'oublie.

Elle minaude en dansant devant des épiciers
Sure d'elle, et si belle et si digne,
Rêvant d'un amour fou, de mille découvertes,
Et puis voilà qu'elle tombe aux mains d'un carnassier.
Triste renard, au-delà de la vigne,
C'est la vie qui te paraît trop verte…
Elle a fini d'être jolie Et on l'oublie.

Tu peux bien réveiller la belle au bois dormant,
Finalement c'est elle qui t'endort.
Dans ton rêve de bois, de forêt, d'aventures,
A la louve cachée, et qui mord,
Tu t'abandonnes impunément,
Avec les louveteaux
Te voilà en pâture
A douilleter leur nid.
Et tu t'oublies.

...

Ecoute bien, ma sœur, mon frère,
Les souvenirs enfouis au fond de ta mémoire ;
Accroche toi, espère,
Pour qu'un jour à la fin de l'histoire
A l'heure du bilan,
Finalement,
Tu ne trahisses pas tes jeunes rêveries
Que tu n'oublies…

Double fond

Il n'a rien à cacher et veut qu'on le regarde !
Il se force à quêter quelque pâle lumière
Dans sa vie étalée - sans jamais prendre garde -
Sur ses petits secrets, ses tâches d'ombre fière.

Parmi tous ces miroirs, le jeu des apparences.
Comme si le grand jour, dans ce palais de glaces,
Pouvait, au vide de sa vie, donner un sens.
Nées de clones, les transparences nous effacent.

Vases communicants : en fouinant il s'abreuve,
En quête de cabales, d'intrigues, légendes,
Aux sources des réseaux qui chaque soir l'émeuvent.

Cependant le mystère, « au cœur du tatouage », *
Absorbe en diluant l'air pur qui le transcende.
Narcisse, fasciné, en est mort avant l'âge.

* emprunté à P.J. Chapuis – Conteur

Ces trésors

Au pays étranger où d'étranges dangers
Interpellent l'audace, pareil
A la douce toile arrangée
Qui prend l'abeille,

La voilà découvrant l'univers partagé
D'inconnus amateurs de merveilles,
De danses, de chants mélangés
Qui l'éveillent.

Quand sa petite main dedans mon poing vieilli
Se réfugie, tandis que je veille
Au joli trésor de sa vie,
Tout se réveille.

Or nous allons ainsi, le cœur gonflé d'air pur,
D'histoire en balançoire, qu'égaye
Une feuille tombée d'azur
Qui l'émerveille.

Et dire que le temps, qui fleur à fleur effleure
Sa mémoire tendre d'abeille,
Efface déjà ces bonheurs…
Ce qui m'effraye.

À Laura

Ces yeux d'enfant

Sur l'eau du golfe Saint Laurent, à la rencontre des baleines matinales.
Il fait froid malgré nos combinaisons, et je te réchauffe de mes mots, je te protège de mon corps contre la brise glacée.
Le soleil simulé, il est encore tôt, fait miroiter la mer.

Là, miroitent comme elle les étoiles et lueurs de tes yeux.
Regarde, un cachalot, qui souffle et s'arrondit le dos, te fait sa révérence. Le tien en est coupé, de souffle, et à te voir, aussi le mien. Vois comme il plie son aileron pour te dire au revoir avant de replonger.
Là, sur cet océan refermé sur ces souffles, nous sommes seuls, tous les deux, regards écarquillés, à attendre qu'il revienne.
Comme si la vie, aussi merveilleuse qu'elle soit, permettait un retour.
Est-il plus beaux regards que ceux qui voient ensemble, comme on joue du piano, joyeux, à quatre mains?

Ailleurs, sur les traversiers, les amoureux aveugles restent enlacés.
Il pleut maintenant sur les berges. Sur quoi le ciel verse-t-il tant de pleurs ?

Poubelle

J'ai trié ce matin les affair' de ma belle…
Ces lambeaux de passé arrachés aux murmures,
Aux perles des instants du bonheur éternel.
Torture. Torture que chaque déchirure.

J'ai trié ce matin les affair' de ma belle
Qu'elle avait, d'un seul coup, délaissées,
Ses petits vêtements, ses jouets de marelle
Perdus dans le lointain de l'adulte lancé.

J'ai trié ce matin les affair' de ma belle…
L'indienne abandonnée depuis tant,
Le train qui reste au quai sous la rigueur du gel,
Le chat blanc dispensé des caresses d'enfant.

J'ai trié ce matin les affair' de ma belle…
Conservées aux cartons de mes rêves,
Pour jeter, dans les pleurs, toutes celles
Qui avaient enchanté nos chères heures brèves.

J'ai jeté ce matin les affair' de ma belle…
Les poupées, et le chat musical,
Les dessins, les photos décorant l'arc en ciel,
Devenus désormais pour elle sans régal.

J'ai jeté ce matin les affair' de ma belle…
Ses bijoux, collections, et ses cahiers d'école,
Tout ce qui composait des tableaux d'étincelles
Dans mon cœur paternel, avant que tout s'envole.

J'ai jeté ce matin les affair' de ma belle
Qui n'a plus rien à faire de ces enfantillages.
L'armée des souvenirs s'immole à la poubelle.
De mon livre d'amour s'arrachent tant de pages.

Parente

Ecoute le temps qui passe,
Sous l'insondable silence
Méfie-toi de cette impasse
Du bilan qui tourne rance :
C'est ta vie qu'on débarrasse
En te mêlant à leurs danses.
Méfie-toi de tes absences.

Te vois-tu sur les chemins
Qui te mènent vers l'errance
De la jungle de demain,
Pleine de fausse Byzance ?
Craindre que perdre la main
Pleure ton indépendance.
Méfie-toi de tes absences.

Les adultes maintenant
Qu'on voulait épanouis,
Eparpillent leur talent
Au fond de ce triste puits
Où brille un veau d'or tentant
Qui gâche l'or de leurs nuits.
Méfie-toi de tes absences.

Ecoute le temps qui passe
Où les enfants du silence
Voient s'effacer leur espace
Puis leur souffle d'existence :
Ton labeur n'a pas de trace
Qui vaille celle d'enfance.
Méfie- toi de tes absences.

à C.B-J

La robe

J'ai fouillé dans mes vieilles armoires,
L'esprit vague, pour m'occuper
Cet hiver, et revoir mon histoire,
Ce que j'en pouvais recouvrer.

Après avoir jeté mes frusques
Plus ou moins abîmées par la vie
Qui nous ment, et nous porte jusque
Au bord des amours sans survie,

Sous un tas de vieux draps délaissés
Qui gardait l'odeur de mes romances,
J'ai trouvé un paquet oublié,
Surprise de l'inadvertance.

En enfilant ta robe légère
Pour tenter d'être toi un instant,
Être toi, la reine et la bergère
Des jours où je jouais, enfant.

La lumière infusait le mystère
De la joie qui dansait avec toi,
Aux moments de bonheur éphémère
Parmi nos rires, toi et moi.

En chantant, tu disais : « va, *ma fille,*
Danse et chante autant que tu pourras
Car la vie, comme folle escarbille,
Brûle au cœur les amours dans nos bras »

Qui me dira pourquoi, résumant
Ma mémoire, ou d'un curieux hasard,
J'ai conservé ta robe, maman,
Et laissé mon enfance au placard ?

...

Tandis que mes yeux émerveillés
S'emplissaient de ta joie, de ta force,
Ta chute, sans plus te réveiller,
M'a figée en une vieille écorce.

Mais ce soir, si je laisse mes larmes
Humecter ce voile de mémoire,
C'est pour mieux dévêtir le vacarme
Qui depuis me poursuit d'ombre noire.

Mes armoires vidées, j'ai brûlé
La robe recouvrée ce décembre,
Pour qu'au jour où j'irai m 'en aller
On joigne, à mes restes, ses cendres.

Parloir

Comment marier toujours sa fillette à un dieu,
Alors que chacun sait que tous les dieux sont morts
Remplacés chaque fois par un veau d'or moins vieux ?
Ce qu'il a fait pourtant, sans un bout de remords.

Tout laissé de côté, en regret ou remords…
Sur sa voie de présent et le peu qui l'habille,
Il n'existe plus rien de la vie du dehors
Plus rien de notre enfer, nos prisons, nos familles.

Ell' ne partage plus les peurs ou le bonheur
De ceux qui, au mauvais numéro, l'ont fait naître.
Laisser la place reste, ici, son seul honneur.
Elle sait qu'elle n'a plus désormais à paraître.

Ell' médite et contemple et cherche en son esprit
Sans raison les trésors offerts aux gens de foi,
Et son cœur et son ventre et ses yeux sont proscrits
Pour croire qu'elle croit au supplicié en croix.

Son temps n'a pas le temps de s'accorder du temps
Un peu pour elle, pour se donner, pour être avide.
De mâtines à complies il faut être content
Et tant pis si, mon dieu, le ciel s'avère vide.

…

Elle rêve à l'envi d'un réveil infini
Où tout sera parfait… Mais plus parfait que quoi ?
Elle qui ne voit rien des joies ou des soucis,
Qui enfin s'imagine, sans bien savoir pour quoi.

Elle n'a rien, même à son père, à raconter
Mais puisqu'il vient la voir, elle va l'écouter…

Le voilà à la grille, ému, un peu amer,
A lui conter quelque sornette, à mots choisis
Pour qu'elle rie un peu d'un terme de travers,
Oublie les visages pareils à chaque instant, et gris.

« *Ton frère bien aimé…* »
                              Mais, telle une éphémère
Elle vole au-delà des regrets de la terre.
Elle sait qu'à l'envers de ses sœurs emmurées,
Pavane en ville un frère : elle veut l'oublier.
Inutile pour eux, sous son tissu hideux,
Et même pour leur âme, ici-bas détachée
À jamais de l'espoir ridicule de cieux,
Malgré tous les écrits érudits du passé.

Lorsque le soir éteint le jour et sa présence,
Que sonne l'angélus au clocher du couvent
Tombe sur le parloir un plafond de silence,
Et la glace, à le voir s'éloigner lentement.

Enivré(e) des vapeurs

Tu es depuis toujours embarqué sans le voir
Sur la nef égarée qui flotte dans l'espace,
Occupé à sentir, à jouir, à avoir,
Sans savoir, indolent, quelle est ici ta place.

Par-delà tes humeurs enivrées des vapeurs
D'incertaines épices, tu écrases en jouant
Les bijoux de la terre, et, pour calmer ta peur,
Amasses, t'appropries des riens jusqu'au néant.

Au milieu des beautés parsemant les langueurs
De l'aube euphorisante aux feux du crépuscule
Qui lave les scories des peines, des labeurs,
Tu broies ce qui te porte, enfin, tu gesticules.

Tu rends fétide l'air et les fleurs marcescentes,
La forêt équarrie, et souillées les rivières,
Comme fait une truie grasseyante et contente,
Sourd(e) aux chants naturels et aveugle aux lumières.

Satisfait de errer sans être un jour certain,
Egaré, de quelque destinée, te voilà
Solitaire, oublieux de toi-même, et soudain,
Un matin t'interroges : pourquoi suis-je là ?

Nulle trace, en réponse, aux parchemins anciens ;
Pas plus de vérité au socle où tu t'accroches ;
Nul augure et nul mage, et aucun magicien
N'a le moindre verdict.
Rien gravé dans la roche.

Sinon, à ton suivant, offrir un peu de place…
Mais pour l'accompagner, au gré de ton esquif
Sur des flots indécis, comment fixer la trace
Sans aigreur ou dédain, des incessants récifs ?

En glissant, nonobstant les vagues qui déferlent,
Des périls, des envies, de l'ombre inavouée,
Sur des courants usés, montre-lui que des perles
En laissant toute haine à sa porte échouer,

Permettent dans la paix l'amour né de la vie :
Debout après l'orage et droit après le fiel,
Dans la douceur des sens, trouver un tsunami,
Donner l'humanité, sans invoquer le ciel,

Assumer le danger de guider un enfant,
Accompagner plus loin un homme en déshonneur
Vers des feux de Bengale et sans air d'olifant…

Pour ressusciter l'âme, aux nocturnes vapeurs.

Eve

Mordue par je ne sais
Quel serpent
Innocent,
Curieuse, je laissai

Le venin m'envahir
Sans penser
Que tous ses
Effets à me trahir

Courraient des millénaires.
Depuis je
Rêve au jeu
Des combats de galères.

Dieu qui m'en a chassé
Pour un rien
De destin,
S'ennuie, terrassé

Au paradis désert.
Et sa main
Ne peut rien
Sur notre coin de terre.

Pour mieux se justifier
A travers
Les travers
De leur esprit entier,

...

Les hommes m'ont suivie
Apaisés
De poser
En suiveurs alanguis.

Le poison espéré
A l'envi
Pour l'envie,
A leurs yeux s'est mué

En un honteux bouillon,
Vieux transfert
De l'enfer,
Né du four des démons.

Et comme mes épaules,
Ma frimousse,
Toutes douces,
Sont tendres comme saule,

Ils ont peint des retables
Instructifs
Et lascifs,
En inventant le diable.

Me voilà indécente,
Et depuis
Je ne suis
Qu'une fée malfaisante.

...

Des viles catastrophes
Qui seraient
Mon secret,
Toujours ils m'apostrophent.

Des plaies qui se succèdent,
Des violences
Aux cadences
Des ors, auxquels ils cèdent,

Des horreurs qui déferlent,
Aux péchés
Inavoués,
De leurs plaisirs sans perle,

Déguisée en sorcière
Trop puissante
Et mouvante,
Je suis bouc émissaire.

Pourtant sans tous les fruits
De raison,
Qu'aurait-on
Au fil du temps construit ?

Car qui voudrait passer
Tout son temps,
Mal vivant,
Bof, à se prélasser ?

...

Mordue par je ne sais
Quel serpent
Innocent,
A présent je le sais :

Aucun fruit défendu
Mêm' divin
Ne contient
L'humanité perdue.

Nonobstant, quelle chance
Que tous ces
Ans passés
A filtrer notre essence !

A mon sein qu'ils vénèrent
Ici-bas,
Pas à pas,
Les hommes ainsi prospèrent.

C'est pour cela qu'ils aiment
Réagir
Et bâtir,
Parfois par un poème.

Pas besoin de bon dieu
Eternel,
Sans appel,
Ma pomme ouvre les yeux.

Le pommier

Indifférent aux vents d'hiver
Qui dévalent les monts, d'errance
Indisposé, au loin du pervers Paradis,

Accablé par tant d'indécence
Qui a rempli les cimetières,
Tant, des hommes l'arrogance Inassouvie,

Il reste là, depuis des millénaires
Gardien de la sagesse rance,
Et il rit, ce pommier, fier
D'être banni.

Ce vide…

Dans les flaques, plus d'enfant qui clapote,
Le miroir immobile ne reflète plus rien
Et dans les carrefours, plus de gens qui papotent.
Pas même au pied des murs, la patte des vieux chiens.

Solitaire, la nuit, sans peuple encor vivant
Qui amène à trembler, à vibrer dans l'espoir,
L'amitié ou le rêve, frémir aux sentiments,
Particules de vie qui assument le noir,

Rigidifie de gel les terrasses, les rues.
Collé à un carreau, je contemple le vide
Ou la feuille qui tombe, éperdue, insipide…

Il y a si longtemps, mon âme, mes amis,
Que parallèles nous marchons, sujets perdus
D'une vulgaire épidémie.

Lors de nos promenades

Après tant d'illusions et tant d'espoirs fanés
Devant de faux retours, combien de triste veuve
Ou de fils ou de mère, épuisés des années
Perdues sur la colline, et qu'il vente ou qu'il pleuve,

Ont dû, les yeux gonflés, ranimer le foyer
Plein de suie de leur âtre éteint par le soldat
Parti gaiement en guerre ? Où se sont-ils noyés
Au pourpre cauchemar de l'infernal combat ?

Combien de fiancées, lasses d'être lassées
Ont effacé l'image, avant qu'elle ne jaunisse,
De celui qui un jour les avait enlacées ?
Les terres sont gorgées de sang et d'immondices.

Nos promenades esseulées, nos randonnées
Oubliées, du cours lavé de nos mémoires
Foulent gaillardement les massacres passés.
Mais serait-ce raison que passer sans savoir ?

Et pourtant ces parcours, celui d'Apollinaire,
De Bazille et Barbusse, dignes des panthéons,
Ou ceux des sacrifiés loués des militaires,
Constituent nous dit-on de fortes fondations…

...

Comme si rebâtir nécessitait des ruines,
Comme si la semence exigeait le carnage,
Comme si le soleil patientait sous la bruine…
L'Histoire sans furie niant tourner les pages.

Car enfin, si demain nos fougueux va-t-en-guerre
Effaçaient leur excès de la testostérone,
Ne pourrait-on chanter à travers les frontières
Des ballades de paix, sans hymne fanfaronne ?

Nous qui rêvons souvent sur la bonté des hommes,
Il faut bien au final nous rendre à l'évidence :
La bonté n'éteint pas le grégaire, et la gomme
Des temps ajoute aux meneurs fous, une brillance.

Moi, pauvre gribouillon épargné des batailles,
Qui ne suis qu'un lanceur de mots jetés en l'air,
Je marche à reculons, aux traces du bétail,
Car je foule la boue de carne et de viscères.

Aussi, aux jours heureux, lors de vos promenades
Entre deux guerres floues, vos pas ne vont pas seuls.
Pensons aux disparus qui, pour des mascarades
Les deux yeux grands ouverts, attendent leur linceul.

A l'orée de l'hiver

La froidure immiscée
Sous le tapis d'automne,
Devant l'hiver pressé
Engourdit mais rayonne.

Cette photo givrée
Charme pourtant son cœur
Pessimiste, à l'orée
De cet hiver moqueur.

Qu'importe que dehors
La confine dedans,
Ses yeux voient les trésors
De la vie qui attend.

Réflexions croisées
à M.Rg

Accord

Lorsqu'un matin d'hiver au soleil printanier
Ce monde avait été, d'une sombre genèse,
Envahi par un peuple invisible et guerrier,
Chacun voulait trouver la salvatrice thèse

Apte à nous libérer, et du peuple, et nos gloires.
L'élite avait lancé son arsenal de guerre
Soit, comme d'habitude, en vain, selon l'histoire,
Sinon que massacrer presque la terre entière ;

Et les prêtres prêché, mais les dieux s'étaient tus,
Et les penseurs rêvé mais conduits au silence,
Aucun super héros n'était jamais venu.

Lassée des amuseurs, une fillette altière
Proposa aux guerriers une très simple alliance :
A eux, tout l'univers, à nous juste la terre.
Ils ont vite accepté.

                    Dans la joie, l'euphorie,
Le précieux document fut rangé à l'abri
Dans le tiroir du fond d'une armoire oubliée.
Depuis la terre vit, et sans arme, et de paix.

Mégapole

Sorti ce matin- là d'on ne sait quel braillant,
Hirsute et étonné, de ceux que l'on sait vils,
Il errait par les rues inconnues de la ville
Dans ses brumes cherchant des passants bienveillants.

Il s'étonnait, perdu dans ce pays lissé
Craignant le soleil froid qui griffait les façades,
Du bleu céruléen des visages froissés
Dont et l'œil et la bouche avaient le ton maussade.

C'était donc ça le monde épargné par la nuit,
Ce matin de septembre épars et désolé
Où les rares piétons, les éboueurs zélés,
Les noceurs, les bosseurs, se lavaient de l'ennui.

Dans la lente avancée d'une marée vorace
De temps, de temps, de temps, pour avoir davantage
Aux jours accumulés, du confort les grimaces,
Des loisirs quelque espace et du bonheur la rage,

Ils sortaient, égarés, d'orifices secrets
Pour courir au plus tôt, bousculés, vers cent lieux
Exécrés ; ils ne voyaient plus rien du projet
Insipide et borné, carcan fol et si vieux,

Qu'ils avaient oublié pourquoi ils y couraient,
Pourquoi, si quotidien, ils y devaient courir,
Sans l'espoir de changer, sans celui d'obtenir
Les miettes de Lazare au seuil de leurs vampires.

...

Toute la multitude autour d'eux leur restait
Invisible, et si, par accident, un regard
Croisait leurs yeux hagards, c'était vide et défait :
Il suffisait d'aller, sans fin, de gare en gare.

Lui qui, dorénavant, avait cessé d'agir,
Las de gesticuler au ras de la surface,
Ecœuré du primate endormi sans rougir,
Il rêvait de désert, et puis d'une autre race.

C'est pas net

J'avais, le cœur léger, promettant à moi-même
D'être un homme moderne et plein d'admiration
Dans le progrès du jour, d'un blog qu'on ensème,
Décidé d'apporter ma pierre aux réflexions.

De chronique en billet, en flux de commentaires,
Je surfais sur le net avec acharnement,
Fier de participer aux débats de notre ère,
Enfin, venais au monde animé du présent.

Un grain de sel ici, par là une opinion,
La langue bien pendue, me léchant les babines,
Comme si mercredi c'était bien mes oignons,
Comme si je pouvais pratiquer la cuisine.

Mais le réseau n'est pas une aire à sinécure,
S'y croise plus souvent l'injure que l'avis.
Du vrai, et plus encor du beau, nul n'en a cure :
Le discours entre veaux vire au salmigondis.

Réfléchi, un humain qui a pesé ses mots,
Formule avec esprit une argumentation…
Qu'une armée de dévots, de jaloux, et d'egos
Transperce sans respect de dards et d'aiguillons,

De quoi tout obscurcir, se moquant du voisin,
Content de son bon mot bien trempé dans le fiel.
D'avoir toujours raison chacun reste certain,
Et faute d'arguments, racle l'auge cruelle.

Alors, pour m'écarter, sans raison de me taire,
Ce serait mépriser qu'écrire en malappris,
Ce serait m 'abaisser que répondre au mépris,
Samedi j'ai boudé la lie des commentaires.

Et le dimanche, enfin, Repris l'alexandrin.

Fait divers

Il nageait dans la zone incertaine du temps
Balançant entre deux, de ses jours à la nuit,
Perplexe au carrefour, contrit mais hésitant :
D'un côté l'inconnu et de l'autre l'ennui.

Cent chemins le hantaient, et d'extase et d'horreur,
Tant de croisées choisies parfois sans réfléchir,
Qu'à l'heure de lassitude, oublieux des bonheurs,
Il savait sans saveur les routes à finir.

Assis au crépuscule, au somment du Veymont,
Isolé des marcheurs aux banales fadaises
Sur le couchant sublime et l'ombre noire du mont
Recouvrant la vallée, il sondait la falaise.

Il sondait la falaise et son cœur et son âme,
-Tandis que s'égrenaient les importuns voisins
Fuyant la fin du jour- aux souvenirs infâmes
Du long de son parcours, il songeait : « assassin ».

Le linceul à présent flottait en contrebas
Effaçant des humains la joie et leurs bonheurs.
Il ne voyait plus là le plus petit appât
Qu'il n'eut pas poursuivi. Pas la moindre lueur.

Dans le noir absolu et des cieux et du val,
Seulement ces deux yeux mangeant tout le visage
De l'enfant folle et gaie d'une triste cavale.
Et partout, oui partout, ce sang sur le corsage…

Or, s'il avait aimé, et s'il avait donné,
S'il avait épaulé tant de gens de misère,
S'il n'avait rien compté, et souvent pardonné,
Il savait que poursuivre irait comme galère.

La nuit maintenant effaçait la béance.
Il aspirait le noir, loin de son piédestal,
Lorsque subitement, il sentit Sa présence
Aux derniers rougeoiements du feu et du cristal.

Ses longs cheveux sortis d'un tourbillon de flammes,
Avec dans le regard une perle de braise,
Elle fut là, soudain, comme aucune autre femme.
Elle dit rien, attend, et lui sourit, à l'aise.

De lassitude enfin, vide de souvenirs,
Et voyant sans saveur les routes à finir,
Sachant en certitude évaluer sa vie,

Lorsqu'Elle s'envola,
                    sans penser,
                                il suivit.

Dans le noir éternel et des cieux et du val,
Seulement ces deux yeux, mangeant tout le visage
De l'enfant folle et gaie d'une triste cavale.
Et partout, oui partout, ce sang sur le corsage…

Départ en robe

Quand il est arrivé, jeune étourneau sans bec
Au milieu des corbeaux le traitant de blanc-bec
Il s'était bien juré, non pas de réussir,
Mais pour aider les gens, simplement de tenir.

Par de fins professeurs, de beaux discours pétri,
Il croyait les propos du père Lacordaire:
« Entre les riche et pauvre, ou le faible et le fort,
Le maître et serviteur, pro & consommateur,
La liberté opprime et la loi affranchit ».
Récitant à l'envi ces deux vers ineffables:
« Selon que vous serez puissant ou misérable
Les jugements de cour vous rendront blancs ou
noir »,
Il rêvait de sortir les gens du désespoir.

Il leur fallait pourtant avoir le bec solide,
Ou cervelle d'oiseau, pour espérer glaner
Quelque graine, et survivre, en ce monde sapide,
Ces oiseaux du néant aux ailes effrontées
Promettant des envols au-delà des misères:
Un droit égalitaire à chaque justiciable,
Un calcul rigoureux du coût des honoraires,
Et cette égalité, de mise sur la table,
Garantissant enfin la fin du "pot de terre"...

Audience

Dans ce bas poulailler où s'ébat la volaille,
Anxieuse au succès de ses petits litiges
Pour des charges indues, pour quelques gousses d'ail,
Pour quelque arnaque encore d'un semblant d'homme lige...
Volettent plein d'oiseaux aux parades bizarres
Au jargon détonnant, tel glapit un busard.
Et tandis que des pies, perchées sur leur estrade
Regardent goguenardes, passer ces bestiaux,
Ces inquiets, ce gibier de potence, sans grade,
Les merles défenseurs affûtent leur pipeau...

Les voilà équipés, ces drôl' d'oiseaux en robe
Qui s'agitent chacun pour justifier son zèle,
Picorant un article, espérant qu'on le gobe,
Avant son envolée, bien sûr à tire d'aile.
Ils sifflent, flutent même, enflant leur robe noire
Pour attirer l'écoute un instant, un espace,
- en accents de misère ou de vie ou d'espoir -
Des pies, qui savent tout, et qui parfois jacassent.

...

Au col de l'Escrinet, ou ailleurs, et en bandes,
Passent des passereaux qui ne passeront pas:
Les chasseurs, les vendeurs, les profiteurs attendent,
Posant la glu partout, des pièges, des appâts.
Et le merle qui vole au secours de leurs droits
Sait qu'ils voudraient le voir les sortir du caca,
Ou, si basse besogne un matin lui échoit,
Il sait la tache noble, car il est avocat.
Peu importe l'opprobre, il sait pouvoir se dire,
Quel que soit le moineau, quel que soit le vaurien:
« *Oui je défends le mal, et parce que c'est bien* ».
Il sait qu'avec du temps ou avec de la rage,
Il deviendra frégate aux ailes de géante
Qui poursuit les bateaux au milieu des orages,
Au hasard des courants et des règles changeantes,
Scrutant au fil des flots tous ceux qui y surnagent,
Qui détient le talent d'éviter des naufrages....

Plaider

Dans ce monde nouveau où chacun, en cyclope,
Porte une caméra au beau milieu du front,
Dans ce monde d'oubli des morales d'Esope,
Qui survient pour plaider, s'il faut laver l'affront ?

Si le robot remplace, même avec robe noire,
Des vieux oiseaux d'antan la chèr' libre parole,
Et quels que soient ses mots, peut-il donc percevoir
Le contexte du jour ? Le mépris des oboles?
Quelle caméra comprend les violences intimes ?
Quelle I.A. apprécie l'état d'nécessité?
Les manipulations? Le vécu des victimes ?
Puisque les machines se mettent à parler:
Vont-elles dire : " *La cause est entendue cher Maître!*"?

Quelle appli, pour avoir un brin d'humanité,
Distinguer le réel du faux ou du paraître?

A l'heure où les robots tiennent les permanences
Pour dire le bon droit à chaque quémandeur,
Jamais ils ne pourront et quelle que soit la science
Ranimer une étoile dans un œil toujours sec,
Soulager un vaincu de sa sombre rancœur,
Jamais ils ne pourront rivaliser avec
Le plus petit de Vous, faute d'avoir du cœur.

À mes confrères

Eurydice

Il creusa sous la route, la route endormie qu'il suivait depuis trop longtemps, égaré, sans rien voir au-delà, dérivant quelquefois vers des sentiers soudains ou sans issue, ou hirsutes, sans but avéré, sans projet animé, sans espoir d'un peu de nouveauté, d'espérance, comme pour la route en somme, celle d'un long tunnel quotidien, répétitif, et dépourvu de toute lueur, de toute sortie.

Après toutes ces années aux parois lisses, enfin, il creusa. Creusa tout ce qu'il put, ce qui se présentait, passait à sa portée, ses journées de travail (fallait-il donc creuser pour en voir les turpitudes?), ses amitiés lointaines, espacées, incertaines (comme était évidente pourtant leur fragilité, leur inconsistance), ses loisirs cumulés, froids et superficiels (pas besoin de creuser pour voir leur anémie, leurs silences, strates accumulées les unes sur les autres, mais sans mémoire, sans acquis), ses sentiments aventuriers, intemporels et passagers, bien qu'intenses et sans égal à l'agrément de la vie (mais si vides au final au-delà de l'instant), ses compétences professionnelles souvent louées (pourtant si légères et volatiles), ses amours, son fil de vie, sa raison d'être, son argotisme, sa paternité même…

Mais le danger sommeille au fond du trou, même qu'on façonne soi-même. Les trouvailles, les découvertes, les étincelles mises à jour, dispensent parfois des éblouissements ou de la lave pure. Bien loin des nostalgies d'instants inexploités, bien loin des rencontres non faites, ou des amours asséchés – tous ces déchets vécus que nos souvenirs ont incinérés- se tient la vacuité, cambrure de flamenco, glacée comme un miroir, l'immense vacuité, trou noir vertigineux.

On voit au cumul du temps, comme à celui des temps, au bilan de l'humanité naine, à l'inventaire de nos actes, à celui des siècles et des ères, similaires, l'insondable, ce déficit égal à tant de générations, les inutiles cursus que nous sommes.

Tels les bêtes et les plantes, nous ne vivons que pour transmettre un morceau de vivant. Sans plus de conscience que les éphémères, sans plus de progrès que les moustiques adaptés aux enfers successifs, mais sans plus de succès, d'espérance qu'Eurydice. On ne peut rien attendre d'Orphée. Il végète au fond du trou.

Féroces

Consciente, elle se promène
Devant la succession des yeux avides
Des ogres qui sans faim ont faim.

Inconscients, ceux-là se démènent
Dans le brouhaha d'un cerveau qui se vide,
Esclaves trop tentés d'appétits d'aigrefins.

Les hommes, chevaux fous,
Sans licou se dérèglent, s'emballent.
C'est à tort qu'un dieu fou leur a donné la force.

Quand les femmes s'ébrouent
Pour le simple plaisir de la vie qui cavale,
Ils vont imaginer qu'une histoire s'amorce.

Pré - vente

Elle avait tout perdu
Des mots que ressassaient
Ses courageux parents

Qui avaient eu leur dû,
Au monde qui passait,
De misère et tourments.

Elle avait tout vendu
Et se récompensait
En pensant aux enfants.

Ses enfants ingénus
Riaient et s'amusaient
Loin, si loin, des tourments,

Riaient sans retenue
Au soleil, aux bienfaits
Dispensés par instant.

Elle offrait comme aux nues,
Sans plaisir, sans excès
Ses faveurs en rêvant,

Rêvant de l'inconnu
Qui viendrait tout exprès
Lui offrir l'amour lent…

Si longtemps elle a cru
Qu'un amour respirait
Quelque part ! Maintenant,

Chaque déconvenue
L'éloigne trait à trait
De ses rêves distants.

134

Elle avait tout vendu
De sa peau que touchaient
De tristes indigents.

Cabo Verde

Au fond d'une faille frigide,
Froncent falaises folles,
Que des grottes évident
En masques qui rigolent.

Montagne scarifiée,
Les plis de roc balafrent
Les versants torturés
Qui, aux sommets, agrafent
Des griffes, des aiguilles,
Des crocs pour lacérer,
Déchiqueter en grille
Les cieux trompeurs, cruels, avares.
Peut-être ces doigts d'os
S'accrochent pour prier,
Comme en supplique rare
De quelques gouttes d'eau.
Pourvu qu'enfin il pleuve.

Les hommes ici pourtant
Se jouent des éléments.
Il faut qu'au creux du minéral
S'épanouisse, végétale,
La manne préparée
De longs mois, sans savoir,
Dans de faibles trouées,
S'il va ce soir pleuvoir.
Pourvu qu'enfin il pleuve.

Suspendues sans frayeur
Au plus près des abîmes,
Leurs maisons de labeur
Sont fruits des dons sublimes

Et l'opiniâtreté
Des anciens et de ceux
Qui, juste à subsister,
N'ont rien rêvé d'heureux.

Ils ont pavé des routes,
Pierre à pierre, ajustées,
Taillé la montagne, toute
De lave et de lave amassée.
Ils ont monté des murs
Pour d'étroites terrasses,
Tranché la roche dure,
Pour que bruine s'amasse,
En gouttes, aux lavadas,
Dérobé aux nuages
En haut des ribeiras
Des rus contraints et sages.
Pourvu qu'enfin il pleuve.

Ils ont planté des graines
Au fond de trous soignés
Sur des balcons d'aubaine
Improbables, posés
Au flanc de la falaise.
Ils ont compté le temps
Que l'océan se plaise
A livrer son ferment
A la saison pluvieuse.
Puis ils n'ont plus compté
Sous les nuées radieuses
Ne faisant que passer.
Pourvu qu'enfin il pleuve.

...

Dieux ! Que nous revienne ici
Au milieu des rocs bruts,
Des laves endurcies,
Des strates d'ocre en butte
Aux marrons et aux noirs,
Avec les nappes vertes,
La couleur des espoirs.
La montagne déserte
A perdu sa bataille,
Et grâce à l'émeraude,
A l'anis et au jade, se taille
-Nature enfin quinaude –
Le joli nom des îles
Qui, au milieu des mers,
Pour quelques mois tranquilles,
S'est baptisé Cap Vert.

Qu'enfin la terre s'émeuve.

S'élever

Parcourant à l'aurore une pente en prairie,
Epuisé de marcher, il se désespérait,
Le nez vers le sommet, le regard plein d'envie,
Mais les jambes plombées d'efforts par trop discrets.

Il s'assit un instant dans l'herbe haute et sèche,
Hésitant sur sa quête et la fin du parcours.
Quelques guêpes d'automne errant parmi les brèches
Ne troublaient ni du vent, ni ses pensées, le cours.

Sur une graminée déplumée, plus qu'instable,
S'était hissé une araignée frêle et têtue.
Juchée sur le sommet, d'une pose improbable,
Ventre en l'air, ell' faisait dérouler sans visu,

Et flotter au hasard, confiante en son destin,
Son fil d'Ariane au gré d'un souffle, d'un soupir
D'atmosphère, espérant accrocher son filin
A un autre rameau. Clé de son avenir.

Bien avant que notre homme enfin fut apaisé,
Sur son fil accroché, d'un pas sur et rapide,
Ell' courut sans frayeur toute la traversée…
Cependant, aux deux tiers, ell' tomba dans le vide.

Suspendue par le cul, mais non prise de doute,
Elle se hissa encor, lâcha son fil encor,
Traversa de nouveau son improbable route,
Jusqu'à y réussir, pour fruit de ses efforts.

Ainsi, fil après fil, et au gré des ancrages,
Ell' fit tant et si bien qu'elle tissa sa toile,
D'au moins cent fois sa taille, et sans perdre courage.
Cela vaut au marcheur un secret qu'on dévoile.

Au prétexte d'errance, en nos chemins sans voile ,
Nous voilà tous astreints aux quêtes d'une étoile.

La Voroize

Nous regardions couler devant nous l'eau altière
Qui descendait du massif calcaire, agitée
D'avoir, depuis des millénaires, taillé la pierre
Dure, ignorant les saisons et les aspérités.

Ce n'est pas un torrent qui courait au hasard,
Mais un fil de la vie, liant dans le présent
Les habitants d'hier qui buvaient sans égard
Pour la source et la fin, et ceux de maintenant

Qui en gavent leur terre ou charment leurs oreilles
De musique divine essaimée aux oiseaux.
La Voroize courait sans souci des merveilles
Qu'elle créait en nous, pour nous, simple ruisseau.

La fraîcheur cristalline inhibait notre gomme :
Oublieux des noirceurs, et, au fil de l'histoire,
De ce manteau de nuit qui habille les hommes.
Nous étions dans l'instant le chant d'une victoire.

Le café

Prenant chaque matin ton café lésionnel
Trompant, pour épargner ton cœur,
A travers un regard, à travers une odeur,
Toutes les sensations de ton âme charnelle,
Tu cours les yeux fermés
Insolent et rebelle
Dans une quête vaine et pourtant éternelle :
Vers tes désirs d'adolescent énamouré.

Tu n'entends plus du monde,
Agité, torturé, les cris et les misères,
Tu te caches des sons, des images immondes,
Oubliant, quand tu peux, tes souvenirs amers,
Parfois aussi les doux qui huilent la surface,
Pour chercher la raison, dans cet étouffement,
Que tu aurais semée, au fil du temps qui passe,
Pur et joyeux éther, quelque part au néant.

Est-ce un ange sur toi qui, jamais, te conseille ?
Faut-il lutter toujours pour ne pas se trahir ?
Nos utopies d'hier seraient elles chimères
Ou faut-il chaque jour bien les entretenir ?
Les désirs, les plaisirs, puisqu'il n'est pas d'enfer
Non plus de confession, non plus de rédemption,
Seraient-ils une fin si on les donne aux frères
Aux amies, aux voisins, et sans nulle ambition ?

Tu vas laisser aller ton âme échevelée
Qui peut-être n'est pas, vers le choix - ridicule
A l'heure où tout s'éteint – superbe et isolé,
Orgueilleux mais serein et pour toi majuscule :
L'ingrate humanité ou la joie solidaire.
Hors le respect d'autrui, quel que soit le béton
Social imaginé, pas de règle première.
Il n'est plus temps d'avoir l'espoir de Phaéton.

Mais allons. Au diable la prudence, et tant pis
Pour le corps, tu rejettes ta peur, elle altière,
Et reviens, pour le goût, pour l'odeur, pour l'esprit,
Pour la chanson, vers ta patiente cafetière.

C.H.U.

Tout va bien. Glissement. Harmonie.
Aérien. Pas de frein. Innocence.
Flots d'amour. Sans détour. C'est la vie!
Chaque jour, un beau jour. Pas d'absence.
Si facile. Insouciance. Infini.
Les yeux fermés.

Fissuré. Fractionné. Disloqué.
Dysfonction. Dérapage. On s'en va.
Dévissé. Souffleté. Dégradé.
Déchirure. Éteignoir. Canevas.
Brisure ou brasier. Inondé.
A ne pas croire.

Ces excès. Ces oublis. Insolence.
Douche froide ou de feu. Réflexion.
Bien cherché? Éphémère abondance.
Trop tardif! Primitif. Punition?
Que n'y as-tu pensé? Décadence.
L'humilité!

Protocole. Infirmiers. Outillage.
Tu sais pas. Sois docile. Aboulie.
Habitude! Illusion? Caravage.
Sédation. Suspicion. Tsunami.
Abandon? Fin d'histoire en carnage ?
Si loin l'espoir.

Souterrain. Emergence. Fin d'apnée.
Résurgence. Apparence? Réfaction.
Perceptions? En retour de plongée?
Renaissance. Aspirer. Sensations!
Un chemin à nouveau à semer.
Encore aimer…

Au matin un oiseau vient chanter,
A ta portée.

Lassitude

Enfermés dans nos solitudes
On a beau chercher d'autres mains,
Il faut aussi – sans habitude –
Du sentiment pour être bien.

Alors qu'au miroir de tes yeux
Tu ne vois plus cette étincelle
Qui donne à tes gris nuageux
Quelques couleurs de l'arc en ciel,

Tu sais que les amours, rôdeurs,
Ont de vingtaine en quarantaine
Toujours des flamboiements trompeurs.
Que jamais l'idée te reprenne !

Ainsi parlait dans son automne
Un vieillard qui de noire humeur
Crachait sa langueur fanfaronne
Sur une blessure de cœur.

Une femme assise à côté,
Faite d'os, de braise et de vent,
Comme toujours, quand en beauté
Sont les femmes, nonchalamment,

D'un regard sans méchanceté
Envers cet homme décevant,
S'agaça de ses a parte :
« *Serais-tu las, dorénavant,*

De cette vie? Pour quelque bise?
En chevauchant mes courants d'air,
Allons, viens-tu, sur les banquises,
T'abîmer dans mon cœur polaire… »

Au point de non-retour, et sentant la froideur,
L'homme indécis – encor- perçut comme un remords.
Mais le temps n'offre pas le temps, dans sa raideur,
Sinon celui de voir que déjà l'on est mort.

L'enfer est une intox

L'enfer est une intox, une fausse nouvelle,
J'en reviens, et là-bas j'ai goûté les délices
Que nulle part ailleurs, chez le père éternel
Ou les tripots sacrés, on n'obtient en prémices.

Si tous les bien-pensants, les saintes, les bons dieux,
Les séraphins et les prêcheurs vous disent que
Le coin ne vaut pas un détour, c'est en envieux,
J'en reviens et là-bas j'ai vécu maître-queue.

C'est là-bas que chacun ne vit que son désir,
Que chacune n'aspire, au milieu des oiseaux,
Qu'à l'unique fonction de la vie : en jouir,
Sans plus jamais besoin de marcher sur les os

Des voisins, des amies. Tant aimer il suffit,
Sans règle et sans carcan, la belle jouissance
Qui concentre et apaise, et enfin réunit.
J'en reviens et là-bas, on rit des bienséances.

Chaque femme et chaque homme et les anges aussi
S'y croisent sans atour et goûtent les langueurs
De forêt tropicale, des cris et mélodies
Des oiseaux, des voisins, du vent, des bonne-
humeur.

Nul n'y craint le regard, nul ne craint le propos
Que l'on pose sur lui, tout n'est plus qu'amitié,
Les pensées de personne ne griffent la peau
Ou le cœur. Nul ne juge et nul ne peut châtier.

L'enfer est une intox, une fausse nouvelle,
J'en reviens, et là-bas j'ai goûté les délires
Que nulle part ailleurs, chez le père éternel
Ou les tripots sacrés, on obtient sans maudire.

IV. Acres encres

La garce

Pendant longtemps ell' n'a rien dit
Jouant à la femme invisible,
Loin de moi, de mes jours, mes nuits
Passés à griller les fusibles.

Faute d'être née, d'être morte,
Au fil de ces années bénies,
Rêvant que le diable m'emporte
Dans le bonheur d'une agonie,

Elle n'a jamais frôlé mon huis
Même au profond des pires ombres,
Je ne l'ai jamais vue tapie,
Vivant mes amours sans encombre.

Pourtant souvent l'ai-je narguée
A rouler vite, ou m'immerger
Sans craindre de passer les gués,
A me cacher tous les dangers.

On me disait jeune éternel
Avec ma tête d'étudiant,
Et je l'ai bien été, éternel…
Jusqu'à cet âge plus-disant.

Pourtant, fi des airs cavaliers,
La voilà, je le sens, qui progresse.
Nul ne rit des calendriers,
Devant la garce de vieillesse.

Au Matin

Sans qu'il en sache encore
Le vrai ou les mensonges,
Il revient d'une mort
Où s'agitaient les songes.

Déjà chantent les bois
Des colères des geais
Fous, tandis qu'aboie
La faune qui s'effraie.

Jouissant de leur empire,
Se balancent sans cesse
La vigueur des désirs
Et l'envie de paresse.

Se dévoile en couleur
A ses yeux ébahis
Ce monde pour rêveurs
Qu' hier il a haï.

Ainsi un nouveau jour…
Pour quel objet d'espoir,
Sous des cieux «bas et lourds »,
A subir jusqu'au soir ?

Ou, porteuse en lumière,
Une onde rayonnante
Qui, parce que première,
Nous lave et nous enchante ?

Chaque matin il sort
Des vérités des songes,
Et revient d'une mort
Qui pardonne aux mensonges.

Chemin faisant

Sur le chemin couru
Au hasard des besoins,
Des plaisirs incongrus
Ou des regards au loin,
Notre enfance délire
Sur un tas d'avenirs…
Mais dans l'air flotte alors
Un doux sourire en le décor

L'aube multicolore
Eparpillée dans le bonheur
Affiche plus qu'elle ne décore
L'inventaire des riches heures.
Tandis qu'au bord du précipice
Persistent les feux d'artifice,
Il reste en l'air, qui flotte encore,
Comme un rêve au fluet décor.

Cerclé de haies de charmes
D'aulnes et de bouleaux,
Au feu rendait les armes
L'étang doré sur l'eau,
A l'écoute immobile
Des accents délébiles.
Mais dans l'air flotte encore
Quelque soupir dans le décor.

Au bout de nos sentiers
Harassant sur la pente,
Déçu des amitiés
Ou d'accortes amantes,
La montagne à moitié
Accompagne ou nous hante.

Car dans l'air flotte alors
Comme un sanglot sur le décor.

Voici le temps fugace
Déjà évanoui,
Et qui gomme ou qui glace
Les jours dont on a joui.
Tandis que dans la nuit
Court la ronde inouïe,
Nos yeux occultent le décor.
Il pleut des pleurs, il pleut encore.

Une place

Tu peux enfin venir, ténébreuse ennemie
Toi que j'ai tant chassée, tant raillée, méprisée.
Voilà venu ton jour de vengeance assouvie,
Maintenant que le temps qui fut tant ma risée
Me conduit à tes pieds.

Tu peux emplir ton char de larmes, de sanglots,
Déverser en mon cœur des monceaux de remords,
Lâcher des temps perdus l'innombrable galop,
Sous la meute assoiffée qui chaque instant me mord…
La vie m'a estropié.

Je te chassais au moindre rayon du soleil,
Pareil à l'infidèle oublieux des serments
Et pour chercher toujours quelque éclat de vermeil,
Sachant que tu viendrais, même nonchalamment,
Vider mes énergies.

Tu peux passer ainsi ton voile épais d'éclairs
Sur mes rêves trahis, ou mes trous de mémoire,
Me montrer cette ruine au barrage trop fier
Que j'avais érigée pour pallier tes boutoirs,
Et vivre en euphorie.

Tant pis si je retourne à l'aube des déboires,
Je vais laisser ta place au cœur de mes grimoires,
Ma vieille nostalgie.

Les quatre saisons

Sur les chemins de mars
Où se perdent parfois les papillons pressés,
On s'amuse des garces
Qui s'amusent des gars tout frais émoustillés
Captifs de leurs hormones,
Mais qui n'en savent rien tant la nature est bonne.

Sur les sentiers d'avril,
Où s'exhale en vapeurs une terre trop pleine
Des souvenirs d'exil,
Il goûte les senteurs de musc et d'obsidienne
Loin des nuits minotaures,
Jusqu'aux accents trompeurs des lumières d'aurore.

Sur les routes de mai
Qu'enchantent les orchis bouffon, brûlés ou mâles,
Gargarisé de paix,
Le voilà qui oublie jusqu'aux aspérités banales
Du temps qui, sous les fleurs,
Dissimule son cours et ses cycles moqueurs.

II

Voilà de juin les champs,
Emplis de mille vols enivrés de soleil,
Où l'élan alléchant
Du cœur et du cerveau emprisonne pareil
Qu'un charmeur de vipères,
Tandis que la folie déjà nous exaspère.

...

Aux prairies de juillet
Que la chaleur exalte en son âme et son corps,
Plus rien qui soit douillet.
Il faut s'abandonner aux choix multicolores,
Danser tout ce qui tangue,
Tout tenter, dépenser, même les nuits exsangues.

Voici août et ses prés,
Repus d'abus des sens où l'on se précipite,
Bouillonnant, asséché,
Où l'espace immobile en même temps crépite.
Le couchant d'amarante
Y simule la paix, ou alors l'épouvante.

III

De reflets et senteurs
Le fleuve coule fort aux rives de septembre.
Vain désir de lenteur,
Au flot des souvenirs qui se cambrent,
Pour goûter sans compter
Avide à réviser, ou fuir les vanités.

Avant que le torrent
Boulimique s'efface et que l'aveugle octobre
D'appétit dévorant
Refuse les signaux pervers, et d'être sobre,
Dans l'oubli, lentement,
Des serments précédents, s'annoncent les tourments.

...

Sous les pluies de novembre
Ignorées, supportées, tout se voile de brume,
Une ocre brume laissant croire aux éclairs d'ambre.
Notre nature s'enrhume
Et déjà par à-coups, toussote et se suspend.
A revers, on se repend.

IV

Et si quelques fidèles
Rêvent du tunnel blanc ou de contes habiles,
Tout finit dans le gel
Aux cristaux de chagrin, puis au froid immobile.
On voit que tout s'arrête,
Et les fleurs et le fleuve, et la vie et la fête.

Faisant fi des générations
Dans l'instant,
Il n'est pas de saison
Pour le temps.

Après

Sa peau douce au velours de la rose
M'a fait braver l'épine malgré moi :
« *si nous tentions tous les deux quelque chose…* »
Elle m'a répondu : « *tu dis n'importe quoi* ».

A défaut de pouvoir les graver dans le marbre,
J'ai griffé, de mon couteau distrait,
Son prénom et mon cœur sur l'écorce de l'arbre.
J'en caresse la trace encor longtemps après.

On dit que les amours, tels les roses
-et cela vaut pour vous comme pour moi-
Fanent sous le cumul des choses
Qui tentent les amants. Mais quoi?

Si tout est plus beau dans le marbre,
Faut-il, pour vivre, avoir distrait
Ses sentiments, et rester sous son arbre?
Que nous resterait-il, après?

Fièvre

Parmi les vents furieux, loin des cœurs balisés
Qui, soucieux de l'orage, rêvent de tiédeur mièvre,
J'incline à n'être qu'aux abois.

Voir tous les papillons naitre de tes baisers,
Tous les oiseaux chantant s'échapper de tes lèvres,
Au soir, fendillant mon vieux bois,

Alors que le fantôme, en mon cerveau lésé
De ta présence aimée, me gave de la fièvre.
Il n'est plus, le printemps qu'on boit.

La fenêtre

La chambre s'éclairait d'une fenêtre ouverte
Dans cet été solaire, et je m'en souviens bien,
Des voisins badinaient derrière l'ombre verte,
Tandis que nous faisions l'amour, jeunes vauriens,
Au sol, au bord du lit ou sur le radiateur.

Nous étions toi et moi trop attentifs à nous
Pour s'inquiéter du monde, et les pauvres moineaux
Blasés, indifférents de nous voir à genou,
Criaient après la vie en courant les chenaux,
Sans distraire jamais nos baisers, nos ardeurs.

Jeunes, beaux à nos yeux, aveugles au-delà,
Nous vivions doucement ces journées d'étincelles
Et jusqu'à l'instant où, délicieusement las,
Nous évoquions, souriants, nos rêves éternels…
Les chants d'oiseaux portaient alors tout le bonheur.

L'été s'en est allé, l'automne a fait de même,
Tandis que loin des fleurs et la chambre d'amour
Nos cœurs ont oublié qu'ils se disaient : « je t'aime ».
Le temps nous a laissé, par quelque carrefour,
Emprunter lentement d'autres chemins charmeurs.

Cuivre

Chaque soir s'éternise à l'approche des ombres,
Grappillant quelque instant au sommeil rigolard
Et perfide et cruel, qui sait que mon cœur sombre
Dans la frayeur du noir, au creux des vœux vantards.

Ta chevelure cuivre, anticipant l'heure bleue
Anime des couchants même les crépuscules
Les plus gris, les plus feints, et jusqu'aux mois pluvieux.
Rien ne peut m'éviter ce gouffre ridicule.

Si les jours, un à un, effacent mes ardoises,
Ils se bercent de rêve ou d'oubli illusoire,
Impuissants sur la pierre érodée mais grivoise.
Tu cours toutes les nuits parmi mes cauchemars.

Nos corps-à-corps perdus, cœur à cœur éperdu,
Surgissent comme l'eau brûlante du volcan,
Leur effluve tenace, à jamais épandu,
Me lace sans répit d'un éternel carcan.

Bien sûr qu'à nos regrets il a manqué du temps,
Bien sûr que j'ai rompu sans pudeur nos amarres.
C'est mon poison dès lors que ce fiel de serpent :
Tu cours toutes les nuits parmi mes cauchemars.

Un chemin

Ce n'était qu'un petit sentier
Qui courait à travers le bois
Entraînant avec lui les parfums du printemps.
Il nous menait toujours à la même clairière
Où, lors de nos approches lentes,
Les oiseaux se taisaient un moment.

Indifférents aux lestes graminées
Que nous foulions, les seuls adonis
Ne s'accrochaient qu'à tes joues
Lorsque mes doigts couraient impatients,
Sur le voile léger protégeant ton corps sage.

Le merle et la fauvette pouvaient s'égosiller,
Nous n'avions plus d'ouïe
Ou sinon à nos souffles un instant retenus,
Et quand je parvenais, après mille lenteurs,
Sur les tendres bourgeons
De tes coquelicots sombres,
Apeurés mais avides,
Tes soupirs de vents chauds
Gommaient les cris des martinets.
Comme des montgolfières
Nos cœurs s'enflaient, joyeux, avant de s'envoler.

Les fourmis, qui ne sont jamais bien partageuses,

Nous chassaient des pelouses
Où elles vont, seules au monde ;
Alors, frustrés mais heureux
Des plaisirs de nos rêves,
Nous revenions en douce
En nous tenant la main,
Cueillant même au hasard quelques fleurs vexées,
Sous le regard moqueur
Des pies bleues et des geais.

Maintenant que le temps a fané nos bouquets,
Qu'à nos yeux fatigués ont terni les images,
S'il m'arrive parfois d'emprunter le chemin,
C'est pour l'odeur des fleurs, ou les chants harmonieux
Des oiseaux de l'oubli.

L'écho

Comme il est bon de se morfondre et de laisser
Au creux du ventre un fer, et têtu et rageur,
Qui vous remue le fiel, du miel débarrassé
Du vertige, assuré aux heures de bonheur.

Je veux pleurer encore et fondre en nostalgie
Sur les amours perdus aux ruptures amères,
Pleurer pour profiter de la mélancolie
Qui glorifie le cœur et ses émois pervers.

Merci à vous, folle, tendre, faune, drôlesse
Dont le corps s'est offert aux douceurs d'allégresse,
Dont la sève a rempli mes rêves à l'envi.

A vous, fauve fougueuse, riante polissonne
Dont les mots oubliés sous l'écho qui résonne,
Ont su me faire croire à « *l'homme de la vie* ».

L'orobanche

Je m'souviens c'est un dimanche
Que s'est terminée l'histoire
De nos jeux, sans effet de manche,
D'amour sans fin et d'espoir.
En vidant l'or et le moire
Recouvrant toujours tes hanches,
Au coin de mon isoloir,
Je t'ai quitté comme on tranche
La main des voleurs d'ivoire.

Seules des idées noires
Maculent mes pages blanches,
Simulant de se mouvoir.,
Rageur de cette avalanche,
J'ai jeté parmi les branches
Les souvenirs de nos soirs.

S'effaçant de ma mémoire
Nos bouquets secs de pervenche
Ont fui mon vieux répertoire,
Parasites, tels l'orobanche
Sur les fleurs en reposoir.
Mais en guise de revanche
Je m'amuse au désespoir
A sentir que je m'épanche
Au milieu d'un assommoir.

...

Or ce matin, sans prévoir,
Près de celle qui se déhanche
Pour tenter de m'émouvoir,
Une lueur qu'on déclenche
A brisé l'échappatoire.
A présent ma tête flanche,
Tandis que le remontoir
Du passé, soudain, s'enclenche,
Pour briser tous mes miroirs.

On a beau sous l'éteignoir
Donner au cœur carte blanche,
Lui offrir sa balançoire
Des amours qu'on endimanche,
Il n'en est qu'un au grimoire.
Et si mon âme était franche,
Mon seul sens respiratoire
Serait de jouer la anche
De mon instrument d'ivoire,
Pour oublier ce dimanche
Où se réduit notre histoire.

Avant que...

Que je te caresse ma brune,
Que j'ouvre encore des portes,
Que je te garde sur la lune,
Ou les étoiles qui t'importent,
Que nous partagions nos humeurs
Pour fusionner encor nos cœurs,
Avant ...que tu me quittes.

Je préfère avancer pour éviter le pied au cul,
Me jeter à l'eau plutôt que me laisser noyer,
M'enfuir si je ne peux qu'être vaincu,
Me taire si je n'ai rien à plaidoyer,
Attendre plutôt que solliciter…
Que viennent les temps de félicité,
Avant ...que d'avoir peur.

Je veux goûter à tous les sucres,
Aspirer l'air de nos sommets,
Patauger au milieu des lucres,
Me gaver de la vie, de « j'aimais »,
M'emplir de la lumière des autres,
De ces beautés où l'on se vautre,
Rêver avec les femmes éveillées,
Avant ...que de mourir.

Temps noir

Tu passais ton temps à tourner les pages
D'un livre magique, écrit au hasard
Des intersections de glace ou d'orages
Présentées parfois à tes yeux hagards.

As-tu bien choisi, d'un flair aiguisé,
Les chemins triés des alternatives?
Ou est-ce les temps, leur œil déguisé,
Une femme aimée, qui là te motivent?

Tu crois profiter dans le tourbillon
De la vie courue, des plaisirs offerts,
Des peines menues, à toutes saisons…
Que tu en as, sans fin, le caractère?

Pourtant si fragile aux vents délétères,
Plein de cécité, même d'amnésie,
Pourtant si peu fort pour t'en distraire,
L'énergie déviée par mil fantaisies.

Mais voilà l'heure sombre qui tombe
Tandis que se crevassent tes failles.
Dans cette obscurité qui te plombe
Tu pleures ce passé qui t'assaille.

Trop léger à tourner les pages,
Pas assez fou pour le sauvage
Ou trop faible pour ce carnage,
Te voici noir, en bord de page.

Si les larmes te viennent
Qui gèlent sous l'hiver,
Dis-toi, quoi qu'il advienne,
Puisque tout a toujours son revers,
Qu'il fut bon de goûter aux saisons éphémères.

Etincelles

Le soleil se lève aux cris purs des hirondelles,
Un apollon offre un baiser aux boutons d'or,
Mais semblable sans nous, resterait ce décor…
Bien sûr il est des étincelles,
Et alors?

Suffit-il de nos jours, quel qu'en soit l'agrément,
Pour que Nature accepte à nous garder encore?
On a beau traverser, à force de tourments,
Bien sûr la terre est belle,
Et alors ?

La chaleur des amis, à nulle autre pareille,
Cimente les hommes et leurs envies,
Mais ils voguent à vue, ils sinuent, ils surveillent,
Au gré de leurs émois, et oublient…
Bien sûr que l'amitié est belle,
Et alors?

Le leurre de l'amour ne retient rien,
Fût-il filial entre rire et soupirs:
L'enfant adoré au passé aérien
Finit par tout trahir…
Bien sûr l'enfance est belle.
Et alors ?

On va bien, le corps va,
La tête encore lucide apprécie la beauté,
Mais enfin nul besoin de sombrer ici-bas
Pour aspirer ou croire à la félicité…
Bien sûr la vie est belle,
Et alors?

...

On a beau tant aimer, et malgré les blessures,
Tout notre voisinage et les gens du dehors,
Conserver le respect comme une valeur sûre,
On finit par rêver de boites de Pandore…
Bien sur l'humanité est belle,
Et alors?

Faut-il cesser de vivre, aujourd'hui, sans délire,
Ou s'en aller plus tard?
Si l'on n'a pas déjà cette envie de mourir,
Nulle raison de hâter son départ…
Et alors ?

Laquelle a-t-on de vivre?

Laquelle a-t-on de vivre
Si comme pour les rats,
De nos propos même sans livre,
De nos progrès faits pas à pas,
De nos sublimes moments ivres...
Rien ne subsistera ?

Une marée de neige

Sous un azur azur, une marée de neige,
Tableau éblouissant,
Et dans un coin, perdu, un minuscule siège
Suspendu, moi dedans.

Naïf ou inconscient,
Porté vers le bonheur de ceux qui, en cortège,
Se plaignent vaillamment,
Je trie, riant ou triste, parmi les sacrilèges

Ceux qui, haletant, me tiennent encor vivant,
Qui ont le privilège
De consoler la peur de mes mauvais penchants,
Si déçu des stratèges.

Lorsqu'à nouveau la neige
S'abat, continûment, sur mon azur absent,
Et que loin du manège
La gelure du corps craque mes sentiments,

Ma cécité révèle, au fond de mes tourments,
Sur un drap lourd et grège,
Tous les mots disparus d'une vie sous serment,
Les mots des sortilèges.

Avant que la marée de neige
Sur mon corps et mon âme et mes désirs d'amant
Qui portent mes arpèges,
N'efface du tableau mes pas inconsistants,

Je reste suspendu, comme un caillou, l'instant
Où lancé il s'allège,
S'arrête, avant de retomber sans plus d'élan,
Sans rien qui le protège.

Bérézina

Quand tout ce qui bouge se retient,

Quand les clameurs exprimées
Suspendues par un rien,
De ne plus être aimées,
Se glacent au trottoir,

Quand à la mer soudain,
Broyant sans fin du noir
Sous de sombres dédains,
L'homme se jette et erre,

Quand loin des sentiments
Une armée obtempère
Aveugle à qui lui ment,
Dont le rêve constant
Ne mûrit que pour lui
– Napoléon content
Dont les acquis ont fui –

Quand les tristes poètes
Oublieux d'équilibre
Vivent pour les trompettes
Et non pour rendre libre…

Il faudra bien mourir
Dans la désillusion,
Avec un souvenir :
« *vive la rébellion* ! »

Toujours au canevas
De la Bérézina

Impasse d'enfance

Le temps passe.
Elle reste penchée sur son ordinateur...
Le souvenir des sentiments se fracasse
Contre le tas de temps qui déforme les cœurs.

De l'enfance
Dont les joies et miracles incrustés
Se muent en un nuage rance,
Ne reste que la trace ingrate, sans pitié.

La vie coule
Tel un torrent fou, solitaire,
Arrachant ce qu'il peut, et roule
Sans souci du mépris. Il faut pourtant se taire.

Or s'efface
La chaude transparence, ou le transfert des cœurs
Dans le silence des soirées, bonnasses,
Avant que le regret, dans la mort, ne s'éveille et s'apeure.

Chaque pas
Vers l'avant, comme il faut, érode l'affection.
Ce n'est pas qu'elle n'aime pas,
Mais qu'elle n'y prête plus attention.

Elle signe,
Contre l'espoir qui manie les générations,
Comme un accouchement que le destin désigne
D'un seul mot, éperdu : l'illusion.

Ronds-points

Elle était douce en insouciance
L'enfance de ma liberté,
Même les carcans des lycées
N'ont jamais bridé mon errance,
N'ont jamais bridé mon errance.
Mais aujourd'hui, loin de tout ça,
Dans le merdier, là, me voilà.
Dans le merdier, là, me voilà.

Lassé, lassé d'aller tout droit,
Je cherche partout un rond-point,
Fair' demi-tour rien qu'une fois
Sans forcément aller plus loin.

Tombée sur mon adolescence
Elle était douce cette amour.
Nous caressions dans le velours
Tous les délices de l'errance.
Tous les délices de l'errance.
Mais aujourd'hui loin de tout çà,
Je n'ai d'amour qu'à l'opéra.
Je n'ai d'amour qu'à l'opéra.

Lassé, lassé d'aller tout droit,
Je cherche partout un rond-point,
Fair' demi-tour rien qu'une fois
Sans forcément aller plus loin.

Des coups de main sans coup de pied
J'en ai donné sur cinquante ans,
Sans fin et sans remerciement,
Sans plus rêver de marchepied.
Sans plus rêver de marchepied.
Mais aujourd'hui loin de tout çà,
Je sieste comme un vieux pacha.
Je sieste comme un vieux pacha.

Lassé, lassé d'aller tout droit,
Je cherche partout un rond-point,
Fair' demi-tour rien qu'une fois
Sans forcément aller plus loin.

Pour égayer les moments clé
Des parcours aux multiples portes,
Quelques poèmes qui m'exhortent
Chantaient un avenir musclé.
Chantaient un avenir musclé.
Mais aujourd'hui, loin de tout çà
Ma plume lasse se débat.
Ma plume, lasse, se débat.

Lassé, lassé d'aller tout droit,
Je cherche partout un rond-point,
Fair' demi-tour rien qu'une fois
Sans forcément aller plus loin.

On s'était dit « c'est pour la vie ».
Heureux toujours qu'elle me taquine
Ou qu'elle me griffe, ma rouquine,
Mêlant le rêve à nos envies.
Mêlant le rêve à nos envies.
Mais aujourd'hui, loin de tout çà
Elle est partie vers d'autres bras.
Elle est partie, vers d'autres bras.

Lassé, lassé d'aller tout droit,
Je cherche partout un rond-point,
Fair' demi-tour rien qu'une fois
Sans forcément aller plus loin.

Alors que vient la déchirure
Des plis de l'histoire bancale,
Je tisse encor le carnaval
Dans l'étoffe de vieille bure.
Dans l'étoffe de vieille bure.
Mais aujourd'hui, loin de tout çà,
Je marche mais n'avance pas.
Je marche, mais n'avance pas.

Perdre les pédales

Je pédalais sur mon vélo,
Sans plus penser, à la dérive,
Tandis qu'un martin, sur la rive,
En réflexion, inspectait l'eau.

Tout le chemin empourpré d'arbres
Sans elle filait noir et blanc…
Elle qu'on avait en tremblant
Ce matin glissé sous le marbre.

Depuis, plus jamais je pédale,
Je me fous de l'oiseau bleu-vert
Qui hante mes nuits de travers
En se posant dessus sa dalle.

Après un échange de mots
Elle est partie sur son vélo.
Inerte et fou, comme un salaud,
Je l'ai laissée se foutre à l'eau.

Le temps va m'en vouloir

I

Dans la ville béante
Où crachaient leur haleine
Fétide les moteurs dans les pentes,
J'écrasais la vie - chienne

Qui mord à l'improviste.
« *Ma mère était mourante* »,
Et comme un épaviste
Dépassant l'épouvante,

J'assistais au naufrage
Du voilier de mes jours.
Enseveli de rage
Encor, comme toujours,

Devant cette indécente
Et cruelle ironie
Qui tue sans qu'on le sente,
Et change en avanies

Tous les printemps d'hier.
Je fouillais dans les ruines
Chaque monceau de pierres,
Inquiet comme une fouine,

Espérant un sésame
Ou un signe secret,
Pour oublier l'infâme
De nos tracés abstraits.

...

II

J'ai glissé dans l'horloge
Une poignée de sable,
Incertain des éloges
Insaisissables.

Le temps m'en a voulu
Et pour venger la fraude
Sur moi a dévolu
Ses baguenaudes.

Tandis que crachotaient
Mes instants d'innocence,
Eclatés, il testait
Ma résistance.

J'ai versé dans l'horloge
Un magnum de mon sang,
Espérant qu'il m'arroge
Quelques instants,

Mais violent et candide,
Pour se rire de moi,
En vidant sa clepsydre,
Est resté coi.

III

Dans la ville en béance
Où coule ma vie-chienne,
En perdant l'innocence
De mes rêves pérennes

Je sais où je m'en vais.
Sans pouvoir inhaler
Par ce chemin mauvais
Au moins quelques goulées

D'un présent lumineux,
Atmosphère sereine
Débarrassé des nœuds
Qui brident notre haleine,

Je vais sans euphorie,
Ne pouvant plus garder
Les vœux que m'a transmis
Ma mère décédée.

IV

J'ai craché sur l'horloge
Injure et dérision,
Conscient qu'on ne déloge
Malgré nos ambitions

Ni le vide antérieur
Des heures bienheureuses,
Ni, même aux temps meilleurs,
Ce grand trou que l'on creuse.

Le temps n'a pas d'horloge,
Il va sans mesurer
Plus les décrets d'un doge
Que les actes posés

Par la marée des hommes.
Quoi qu'on puisse penser
On n'est jamais en somme
Qu'une bulle soufflée.

Pécheur

Dans la nuit, sur le port, où nulle ombre ne veille,
Il portait écrasé, dans ses bras nus et lourds
Le corps opalescent d'un enfant tout pareil
Aux cygnes endormis, la lune pour atours.

Mille pensées de fiel chassaient autant d'images
Aux coloris changeants, chatoyant l'alizé,
Qui, du cours insouciant d'un bienheureux voyage,
Avaient de par son monde éclairé les journées.

Sous les cieux transpercés de l'opercule roide,
Indifférent au sort d'ici, l'homme alors s'écroula
Terrassé d'un seul coup par la lumière froide.

Tandis que s'éteignaient les rires de l'enfance,
La douceur et la joie, il était fou déjà,
Devant ce corps noyé, d'un instant d'insouciance.

Le train

Ce vendredi, seul dans le train,
J'étais assis contre-courant
Rêvant de profiter un brin
Du repos de mes sangs.

Dans le diaporama des photos
Qui animaient ma vitre,
Se reflétaient les pieds un peu pitres,
Agités sans arrêt, d'une ado.

Ramenant mes neurones
A l'orée de mes vieux souvenirs,
Je baladais mes yeux atones
En remontant, jusqu'au soupir…

La jupe d'été retroussée
Laissait les jambes respirer,
Tandis qu'hypnotisé
J'évitais d'étouffer.

Un peu plus haut se soulevaient,
Au fond d'une échancrure,
Des appas qu'on devinait
Parés pour l'aventure.

J'y ai lu des promesses d'éveil
De celles dont on rêve
A nulle autre pareille.
La vision quelquefois vous soulève.

Au bout du songe, et d'un bien fort effort,

J'ai relevé les yeux, étonné
D'entrevoir comme un sourire d'or
Au regard amusé de cette dulcinée…

Sereine, elle semblait dire :
« *Profite, vieux blaireau inutile,*
Des beautés caressant tes délires.
Le train arrive en ville ».

Toujours la mousse

Quand roule et coule la foule folle
Sur les pavés lavés et gavés de symboles
S'envolent les espoirs,
Par-dessus les nuits noires.

Les rues charrient des rus de songes écarlates
Bleus ou roses, qui rêvent à par soi qu'éclatent
Les bulles de finance
Pour partager la chance.

Rouge ou jaune, les bonnets, les gilets
Caressent l'avenir à venir de smileys :
Les lendemains s'enchantent
Du moment qu'on les chante.

Mais les milliers d'alliés, déliés des liens niés
En partis s'éparpillent. Il sera le dernier
Des esprits de révolte,
Et jusqu'à la récolte.

Amnésique aux répliques des flics, des rétiaires,
On oublie que le feu dessert les cimetières,
Que se fige la lave
Que chaque loi délave.

Pourtant pousse la mousse, si rousse et en douce,
Partout portée encor par de tendres frimousses,
Jusque, dans la nuit noire, Refleurisse l'espoir.

Peut-être que les hommes...

Vois-tu, parmi les fleurs qui restent
Aux forêts convoitées, néanmoins préservées,
Vole en vue de demain un papillon céleste
Celui qui, résolu, et las d'être entravé,
Refera l'avenir.

Demain,
Peut-être que les hommes
Auront trouvé la paix.
Demain
Peut-être leurs hormones
Oseront le respect.

Tu vois, avaient raison les fous
Qui mouraient pour ne pas valider la violence,
Refusant, dans l'honneur, de vivre au garde à vous,
Convaincus qu'après eux, leur proche descendance
Referait l'avenir.

Demain,
Peut-être que les hommes
Auront trouvé la paix,
Demain,
Oublié cette pomme
De discorde à jamais.

Regarde, ils seront des millions,
Sans cocarde, à montrer de la vie la tendresse,
A trouver, sous le chemin fixé, l'évasion
Qui perce de l'espoir en l'humain, et qui laisse
S'égayer l'avenir.

Demain
Peut-être que les hommes
Auront trouvé la paix.
Demain
Peut-être que nos mômes
Oublieront nos aspects.

Vois-tu comme clair est l'azur
Où le ciel libéré à nouveau illumine,
Et débarrasse enfin, à force de lasure,
Les miasmes inhumains, les instincts de vermine ?
Vois-tu cet avenir?

Demain
Peut-être que les hommes
Auront trouvé la paix.
Demain
Se pourra qu'on les nomme
Pour le bien qu'ils ont fait.

Entends parmi les idées folles
Les menteurs qui criaient haro sur l'utopie
D'un monde partagé et vidé de ses geôles.
Ecoute s'il fallait sacrifier les harpies
Pour ouïr l'avenir.

Demain
Peut-être que les hommes
Auront trouvé la paix.
Demain
Plus personne qui gomme
Avare, les projets.

Les yeux toujours ouverts, approche,

Ne crains pas de changer ce tricot de poisons
Que distille depuis tant de siècles de roche
La nasse des tenants de l'or et des prisons,
Qui nient ton avenir.

Demain
Peut-être que les hommes
Auront trouvé la paix.
Demain…

Retrait

En ce début d'année... deux mil soixante-douze,
Une très jeune fille s'ennuyant au logis,
Lasse des errements du temps que l'on épouse,
Voudra interroger sa généalogie...
En ce début de l'an deux mil soixante-douze,
Cela fera cent ans qu'un ancêtre oublié
Venait prêter serment, sous cette sombre blouse,
Tout seul devant la cour, sans doute fou à lier...

Fouillant tous les réseaux, en paléontologue
Emue, cherchant par quel détour, ou quel bug,
Sa lignée s'est perdue dans ce bouillon brouillon
De règles éphémères et de droit manuel,
Elle ira découvrir aux archives, en rayon,
Quelque papier vieilli, pour elle virtuel.

Au temps, moyenâgeux, où faute d'algorithmes
La loi dépendait des humeurs et des a-priori
- pauvres humains sans aide écrasés par le rythme -
D'une caste magistrale...qui ne l'était pas,
La petite fille de mon doux petit fils,
Que ses parents auront, fruit de quelque hasard,
Affublée sans raison du prénom de Justice,
Viendra s'interroger sur le choix très bizarre
De ce curieux aïeul exerçant le métier,
Mystérieux, délaissé, que les vieux dictionnaires
- De généalogie ou des mots désuets -
Définissent, simplistes, comme le « gestionnaire
De dossiers » tortueux, épars, ou palliatifs
De combats de voisins, de rébellion perdue
Contre tout le système, éternel escogriffe,
Des accidents de vie, des causes éperdues,

...

Des fureurs de l'amour ou du fiel de la haine,
Des suites des affaires & des affaires sans suite,
Enfin tout un fatras dont aujourd'hui les chaînes,
Traitées par les datas, sont devenues réduites.
A force de fouiller, dans l'Ordre, les dépôts,
Effarée, elle verra que son arrière papy,
Pendant quarante-six ans, fut inscrit au tableau,
Et inquiète, à force de nuits blanches, ébahie,
Trouvera ...quelques centaines de jugements
Qui porteront son nom, mais sans voir sur l'écrit
Au-delà de ce court attendu, pertinent:
« *Maitre Brasseur entendu dans sa plaidoirie* »,
Sans voir ce qu'a pu dire le vieux sur ces affaires,
Quel fut son argument, s'il avait convaincu!
Dans un vieux code rouge, utilisé naguère,
Elle verra son nom sur des rapports perdus
Evoquant quelques clauses qualifiées d'abusives,
Et puis peut être encor, là, quelques conférences...

En ce début d'année deux mil soixante-douze
Que déduira ma pétillante descendante,
Du temps égaré, tel l'esquif de La Pérouse,
Au-delà de l'ancêtre - aux paroles pédantes ?

Elle se dira alors, sans doute un peu pensive,
Mais ravie d'une époque emplie de différences:
« *Voilà à quoi ça tient, une vie d'avocat* ? »

Voilà à quoi ça tient une vie d'avocat :
Il nous faut se défaire de tout ce qu'on a fait
De nos mots nécessaires, si vite évaporés,
Et si l'on a vécu, impatients, imparfaits,
Sans nous soucier d'après et sans nous retourner,
Il n'est plus trace de nos pas, chacun défait.

Heureusement qu'à la fin...

Debout sur l'arête épuisée
Des pas des passeurs, des passants,
Les yeux rougis, tétanisés
Devant le feu qui se perd et descend,
Il restait offert et acculé
Aux langues noires de l'ombre
Qui lentement l'enveloppaient
Après avoir dissimulé,
Des vallons les décombres.

Depuis que ses yeux sur le monde
Indulgents mais lucides
Se sont ouverts sur les horreurs de l'onde,
N'y coule que la vérité morbide.

On ne peut qu'être pessimiste
Car la fête elle-même
Charrie des apostumes
Dans l'oubli de ces fols tours de piste,
Aux heures de bohème.
Rien n'est plus de ce que nous fumes.

Lorsque leurs promenades,
Dans les champs de baisers
Chantent la sérénade
De ses cheveux frisés
Ou des fleurs de son cou,
Enfin il s'oxygène,
En l'air il oublie tout.
La vie vaut bien la peine.

...

Au matin lorsqu'il voit
Comme la vie compose
Les galères, les croix,
Enfin rien qui soit rose
Aux hommes ordinaires,
Troupeau gardé au parc,
Ou tristes légionnaires
Délaissés par les parques,
Il veut fermer les yeux
Devant les millénaires,
Ou insulter les dieux,
Leurs promesses d'hier.

A l'heure crépusculaire,
Libre d'un voile d'étincelles,
Il sait qu'il va se satisfaire
D'un geste ou des yeux clos de celle
Qui de lumière lui donne faim ;
Celle qui parmi ses blasphèmes,
Calme, lui dira à la fin :
« Ecoute, et vois comme je t'aime ».

J'y vais

J'ai marché mille fois, cent fois et puis cent fois
En quête de visions, d'ailleurs, ou d'autres,
Voir comme on vit là- bas
Ses braises ou ses cendres d'amour,
Sentir les gens de tous les jours,
Bien au-delà des patenôtres,
-    Ah, respirer les matins doux d'Amazonie.

Je n'ai pourtant rien vu des principes de vie.
On aspire aux valeurs, mais sans regret,
A rencontrer là-bas nos hôtes,
Généreux, solidaires, discrets,
Dont on est le spectacle, à leurs yeux ahuris.

J'ai entendu des chants puissants et nostalgiques
Revenus des lointains soupirs ancestraux ;
Me suis laissé porter au gré de ces musiques
Comme m'ont fait voler les ruines, les vitraux,
Les traces de l'histoire oubliée ; espéré,
- Imprégné de sourire devant les religions,
Les légendes, les bibles, ces drôles d'épopées -
Espéré me nourrir des us, des différences,
Des savoir-faire ou des offenses
Anodines à mon regard…
Peut- être pour trouver un chemin apaisé,
Une épaisseur sereine à vivre sans colère,
A chacun de mes retours en gare,
Avant que repartir oublier les galères.

J'ai senti tant d'épices et d'inconnues fragrances
Tant ressenti de vie, dans cette nonchalance
Des palmes, des marchés, des femmes sans décor,
A rêver d'une terre indifférente aux ors…
Que j'y suis arrivé, sur ce fil
Tellement loin de mes jeunes chansons.
Voilà que déjà se profile
Pour moi la ligne d'horizon.

Les mots du silence

On se tait trop souvent, espérant profiter
De l'or de ces silences.
Sous les dictées de haine ou d'un semblant d'honneur,
S'il faut savoir garder sa langue dépitée,
Echanger mène ailleurs, offert en transparence,
Vers des chants enchantés par d'humaines valeurs.

Ecoute dans le vent le silence des mots,
Le coté mystérieux
Des sens qu'ils dissimulent.
Entend comme se glisse au milieu des hameaux
Le conte séditieux
Qui germe lentement aux oreilles crédules.

Et dis-nous si s'apaise,
Au-delà des discours, sermons, réquisitoires,
Malgré les confessions, les psys, les bibles ou les sommes
Enfin tout ce fatras de sornettes, foutaises,
Rejetés maintenant aux égouts de l'Histoire,
Le lien entre les hommes.

Un regard quelquefois, une main sur l'épaule,
Un temps passé à rien
Dans le vent de mémoire auprès des jours heureux,
Un baiser pourquoi pas, une joue que l'on frôle
Dispensent plus de bien,
Et transforment l'enfer en monde chaleureux.

Ecoute dans les mots, le sens
De nos silences.

Que faut-il?

J'ai jeté vaillamment aux vents de vos tempêtes
Tous mes jours bienheureux issus de quelque amour,
Toutes mes nuits d'horreur, d'ennui ou de défaite,
Las de tant d'illusions, lassé de prendre pour
Des étoiles quelques lanternes.

J'ai jeté vaillamment aux vents de ces tempêtes
Les pages obscurcies de mes combats sans fin,
Chagrins, désespérés, contre l'air des trompettes
Qu'entonnent au matin les hyènes, en refrain,
Devant nos rêveries en berne.

Maintenant que l'on sait que les vents des tempêtes
Hurlent depuis mille ans, que dis-je, de tout temps,
Malgré l'âpre raison, les pensées et les quêtes,
Malgré les sentiments, les éclats, les serments,
Qui cultivent le rêve,

Maintenant que l'on sait qu'au travers des espoirs
- Faciles paravents - le monde s'indiffère
Des tornades qui trouent les galères, sans voir
Que coulent les voisins et que se noient nos frères,
Tandis qu'on danse sur la grève,

Je le demande à toi, lecteur imaginaire,
Aveugle aux vents d'ici, et sourd aux hurlements,
Que faut-il que l'on dise, ou qu'on cesse de taire
A nos filles, nos fils, pour que dorénavant,
En vue du seul bonheur, ils se lèvent ?

Traversée

Comme coule, étrangère au pays traversé
Avide et profiteur, la rivière éternelle
Aux flots tumultueux, il n'est pas de pensée
Qui, isolée de tout, ne se croit étincelle.

Chacun, dans son carcan, s'imagine de celles
-ci appréciant le monde au gré de sa hauteur
Limitée, ou bien, ses rengaines éternelles…
Et c'est pourquoi la foule accepte sa laideur.

Comme coule étrangère, en collection du temps,
La collection des gens hélas si dispersés,
Les petits grains de nous, inconscients, impudents,
S'éparpillent de rien, sans voir la vie passer.

Avide et profiteur, chaque homme a traversé
Les flots tumultueux, ignorant leur histoire,
Et lorsque vient l'instant d'aller se déverser
Dans le vide, il sait qu'il n'a rien vu : c'est trop tard.

Final

Souriants, sur le sentier désert, ils cheminaient
En surplombant la mer, attentifs aux frissons
Issus de leur proximité.

Quelques mots, à voix basse, échappés, parsemaient
Au fil de leur tendre parcours sans horizon,
Leur silence sacré.

Un peu de vent, complice et doux, rafraîchissant,
Qui clarifiait le ciel et leurs pensers d'amants,
Portait leurs souvenirs.

Loin de la masse verte et ocre des courants,
Du flot de leurs tourments, leur fracas incessant,
Au bord d'un pic, ils ralentirent.

Conscients de l'heure ultime et pourtant floue et folle,
Leurs regards accrochés ensemble et sans parole
Ne pouvaient plus se taire.

Passèrent chaque étoile en millions de caresses
Et les éclairs des yeux, mais à toute vitesse,
Pour rejoindre l'éther...

Toutes les hypothèses, tous les maux déjà dits,
S'étaient évanoui(e)s, sinon la poésie
De la ligne d'opale.

De sa main caressant son épaule amoureuse,
En tendresse, « adieu », elle poussa, malheureuse
Et pleurant, au gré d'une rafale.

Vertige

Quand la lune à la nuit se mélange
Et pose, écharpes argentées,
De longues diagonales étranges,
S'alarment, sans sommeil, nos esprits tourmentés.

Ces soir-là, nul ne sort au village,
Ou de noirs chapelets de cafards,
Ou ceux de nous au bout du voyage,
Qui s'allongent, humant les filets d'air blafard,

Pour tenter un instant d'apaiser,
Sur la pierre et les pensées mouvantes,
Accrochées à nos chairs sans baiser,
Les échardes viciées des sommes d'épouvante.

Sous l'œil flou, ironique à nos peurs,
Se meut à travers les fourrés
Lentement une ombre sans chaleur
Qui ne sait si l'horloge a fini de tourner.

Quand la brume à la nuit se mélange
Que l'oiseau n'ose traverser,
Sous les voiles obliques se rangent
Tous les tourments perdus, négligés, du passé.

Auscultant de nos cœurs les efforts
– Nos cœurs généreux en prodiges –
A chaque fin de souffle, la Mort
Aspire un peu notre âme, et nous laisse au vertige.

Rêve de Vie

Peut-être eût-il fallu passer son temps ailleurs
Et courir, au lieu de vie sans trêve,
Au lieu de biens, au lieu de liens, pauvres bailleurs,
Après les rêves.

Est-il terre ici qui, sans propriétaire,
Nous accueille en douceur et en libre
Arpenteur, à chercher au chant des haies mystères
Un équilibre ?

Le lion n'épargnera pas la gazelle, encore
La pluie inondera toute vie
A l'entour, puisque est fou, toujours, notre décor
Jusqu'au lavis.

Peut-être eût-il fallu passer son temps ailleurs
Et poursuivre, au lieu de vie sans trêve,
Nos utopies d'hier, en quête du bonheur,
Vivre nos rêves.

Doutes

Un regard vers ma tombe
Afin sur le chemin
De savoir où j'en suis :
Sous mes pas qui s'enfuient,
Me tenant seul la main,
Eviter pour le moins que je tombe.

Ce cœur du corps dérape
Au gré d'un sablier Injuste et déréglé :
Devant les jours sanglés
Loin des heurts, délié,
Je ne sais si encor faut qu'il frappe …

Vu que rien ne m'incombe
Ni du vol des enfants,
Ni des autr' un soutien,
Frustré, je me retiens
Pour garder chaque instant
Seuls mes yeux, détournés de ma tombe.

Non

Dans la durée d'un film heureux,
Au milieu du roman que je lis,
Pendant qu'on s'aime à deux
De l'un de l'autre emplis,
Ou au cours d'un voyage,
Quand s'écrivent nos pages,

Devant la mer étale
Qui sourit lorsque grondent
Nos flammes minimales,
Ou lorsque nous inonde,
A l'instant nostalgique
De nos tendres musiques

L'air pur qui étincelle,
Qui nous envole et fixe
Au présent éternel,
Loin des discours prolixes,
Sous une nuit d'étoiles
Qui déchire tout voile
Toute attache, et puis que…

Je n'aimerai pas mourir.

Enfin, je crois bien que
Je ne veux pas mourir.

Belle étrangère

A voir le flot tumultueux
Emportant chaque grain de lumière
Et le temps,

Vers le trou noir affreux
Inconnu, habillé de mystères
Emollients,

Résignés, on ferme les yeux
Surpris du chemin éphémère,
Et pleurant.

Un jour s'apercevoir, envieux
Mais apaisés, face à la mer
Au couchant,

Que les bonheurs, les joies, les feux
Ne valent pas qu'on désespère,
Du moins tant.

Que l'aventure en camaïeu
Fut au final belle étrangère
Chaque instant.

Plus rien

Puisque je n'ai plus rien pour arroser
De mes pleurs
Vos matins et vos nuits de rosée
Et leurs fleurs,
Que plane sur vos vies un papillon
Frondeur !
Et vous rappelle ainsi nos frissons
De bonheur ...
Si dans ces temps où je serai sans montre,
Vos heures
S'effraient alors des nouvelles rencontres,
Que vos cœurs
S'allègent en sachant que je resterai là,
Sans peur,
Bien qu'il ne soit pas d'au-delà.

Je ne vois plus le vent qui aux branches,
S'agite
Ignore où les nuages se lavent et s'épanchent
Si vite,
Je n'entends plus le chant ni les cris aériens
Des phragmites,
Et s'il est quelque part où, après,
On habite
- Bien que, sur ce futur, mes convictions jamais
N'hésitent -
J'errerai quelques temps, comme un absent
Ermite,
Dans vos pensées distraites, et puis, finalement,
Trop vite,
Rejoindrai les armées d'oubliés
Sans visite,
Dans le temps anonyme, poussière éparpillée.

Nul mérite
Ne dira mes chants et mes amours
Insolites,
Puis tout s'effacera au cimetière d'un jour.
J'y médite.

Dire

Il faudra dire à Roméo que papy
Est parti chasser les papillons des prairies
Trop loin. Qu'il aurait bien aimé
Le voir grandir et puis voler,
Pour, de ses propres ailes, devenir papillon…

Il faudra consoler Laura de n'être plus portée
Petit oiseau léger, par de tendres épaules,
Puisque là où papy se verra emporté
Les oiseaux volent seuls, bien au-dessus des saules,
Mais qu'elle verra partout ses fleurs sur l'horizon.

Il faudra que Christèle, qui n'a plus de papy,
Pour pouvoir se confier, s'amarrer, décoller,
Oublie tous mes propos qu'elle n'a pas compris
Et garde en sa mémoire les mots étincelés.
Quelles que soient, envers eux, mes anciennes chansons.

Amour d'antan

Lorsque j'aurais quitté ce doux chemin, ma douce,
Que nous avons suivi, que jamais l'on rebrousse,
Et puisque cette vie ne fleurit qu'au présent,
Que les fleurs du passé plus jamais ne repoussent,

S'il te vient, par un soir oublieux de la veille,
Dans ton âme un espoir qui te garde en éveil,
Ne crois pas qu'au motif de notre amour d'antan
Ton cœur doive rester rétif ou en sommeil.

Promets-moi que l'amour qu'ici je t'ai donné
N'aura pas pour toujours ce triste et morne effet
D'étouffer dans ton âme, et ton corps, cette envie
D'une nouvelle et belle étincelle incarnée.

Il te suffira bien, une fois par année,
Que sur mon marbre bleu tu déposes un baiser :
Qu'éclose en mon silence, en hommage à la vie,
Un beau morpho brillant au fond de tes pensées.

Ce qui compte

Au-delà d'une vie de rêve et de phantasmes
Quelques-uns de mes vers scelleront mon cercueil
Immobile à jamais, telle l'exuvie d'un phasme,
De cette trace humaine, oublieux du recueil.

Tant pis pour les bonheurs, les acquis, les désirs
D'un parcours ébloui de la paternité,
Ou des passions ignées, du métier de plaisir…
Tout cela rejoindra le trou d'éternité.

A jamais chaque écrit rend l'image d'une âme
Ebouriffée, brutale, épuisée des dictames.
Tout conteur se raconte. Son compteur c'est l'acompte.

S'il vous vient un instant l'éther d'une fragrance D'un
poème isolé, il vous dira d'avance :
« *Tu sais qu'il t'a aimé(e)* ». Et c'est cela qui compte.

Epilogue

Inachevé

Ce sac incontinent,
Ignare, et sans m'apercevoir
Qu'il était plein de noir,
Je le porte depuis longtemps,

Coulant en continu
Au gré de je ne sais
Quelle urgence pressée,
Comme un insaisissable flux.

J'ai puisé au hasard
Quelques troubles poignées,
Au sombre sac, de mots mort-nés,
Pour les éparpiller, et voir.

Peut-être ont-ils trahi,
Accrochant tout d'un coup
Des rêves à mon cou,
Frugaux reliefs de l'appétit.

Au contraire parfois,
Impatients d'exister,
Se sont précipités,
En me laissant transi d'effroi.

En quête de musique,
J'ai entrevu souvent,
A ce balancement

Latent, des rimes hypnotiques,
S'échappant, une force
Plus haut que ma personne
S'imposer, et qui tonne
A coups de griffes sur l'écorce.

J'ai lu, et jamais sans surprise,
Sur mon papier des mots
Jamais tracés tantôt
De ma main, de mon encre grise.

Je n'écris pas le cru,
Je n'écris pas les pleurs
Moins encore les fleurs,
Quelques fois apparues,

Epris d'indépendance,
Bousculés hors du sac,
Distribuant en vrac,
Des chants, des cris, des pas de danse.

S'il advient qu'ils me gênent,
Leur laissant l'espoir de l'aurore
J'admets qu'ils s'évaporent,
Me bousculent, me morigènent.

Ainsi sont nés, barbares,
Des ogres, des obscènes,
Des chimères de scène
Ou un conte sapide de bar,

Des fantaisies cruelles.
Mais mon sac chaque soir
Recèle avec espoir
Des mots nouveaux qui m'interpellent.

Amusez-moi

I

Eloignée des alcools
Doux et forts des abbés aux herbes affolantes,
Libérée des écoles
Aux airs conditionnés que l'ordre nous enfante,
Ma Muse, amuse-toi,
Va-t'en vagabonder sur des nuages bleus
Aux odeurs de putois,
De cendre ou vert de gris, ou aux parfums de feu,
Et chante des chants rauques,
Des mélodies d'éther ou des cris fous d'amour,
Dis-moi des textes glauques,
Ou de verre, ou d'argent, qui psalmodient le jour
Et enivrent les nuits.
Trouve dans mon jardin un fonds de souvenirs,
Aux margelles des puits,
Sonde les temps passés et chaque heure à venir,
Belle ou nauséabonde
Ou bien rare et précieuse, ou même capricieuse,
Réticente ou qui gronde,
Et au char de Phébus, accroche encor ma plume,
Simulant de voler
Jusqu'à l'instant amer où, sèche et morne enclume,
Elle ira s'affaler.

...

Oh ma muse étriquée, aux courbes sinueuses,
A la bouche pulpeuse,
Mais muette souvent, réticente, studieuse,
Avare et pernicieuse,
Dis-moi si dans l'étoffe élancée sous tes gestes,
Dans ses plis, dans tes poches
Occultées, dans tes bonnets secrets, il nous reste
Quelques vers beaux ou moches
Transparents, affûtés, visant l'éternité,
Son rêve, sa promesse…

-        *« Si toujours j'ai été fidèle à tes côtés,*
Je ne suis pas prêtresse ! »

II

Eh, toi, triste pythie, émaciée, anguleuse,
Eternelle ennemie
Des forçats gribouilleurs, toi dont la main frileuse
Egrène à chaque vie
Quelque poignée d'années, au chapelet bizarre
De mots au stock immonde,
Qui sur nos cent questions nous tournes au hasard,
A son aveugle ronde,
Toi qui d'un air sévère et toujours mystérieux
Dispenses les secondes
D'un geste suspendu, arythmique et vicieux,
Dont le plaisir ricane
Aux tremblements inquiets des pensées incertaines,
Des amères chicanes,
Des projets ténébreux sous les doigts de mitaine
Gelés et menacés,
Qui tentent maladroits, d'achever dans le miel
Un labeur amorcé ;
Dis-moi si mon écrit mérite un bout de ciel ?

-    *« Je ne suis pas un ange !*
Si tu crois qu'au-delà d'ici-bas l'au-delà
Se parie, si tu ranges
Pour un espoir divin, ta vie de cancrelat
Aux convictions repues
De certitude athée, au tiroir rocambole
Du paradis qui pue,
Ce n'est pas sur mon seuil qu'il faut quêter l'obole. »

III

Oh toi, mon ange sûr, ma balise tenace
Vers l'éternel demain,
Mon rêveur optimiste acharné à ma trace,
Accompagne ma main ;
Toi dont le pur regard, indulgent, sans histoire,
Aux rives de diamant,
Mène mes illusions ou tente mes espoirs,
Sans besoin de serment,
Dont le sourire tendre encourage mes sens
Vers des chemins étranges
Enchevêtrés mais sains, même dans la licence,

Parsemés jusqu'aux franges
De bouquets indiscrets et de vapeurs sapides,
Donne-moi la lumière
Qui dira à jamais mes routes intrépides
Aux croisées délétères…

- « *Mon aile t'accompagne aux voies que tu choisis ;*
Aux voix de tes démons
Même je te pardonne, et même te bénis,
Mais, je suis sans sermon. »

IV

Oh vous tous, ma muse, ma pythie et mon ange,
Oh vous, tous mes démons,
Rendez-moi la passion et tout ce qui démange,
Rendez-moi le poison.
Il reste tant à dire à soulager mon âme,
Et rassurer mon cœur,
Tant de textes couchés pour trouver le dictame
Avant l'instant moqueur,
Où la plume se casse en une ultime tâche…

Oh vous, dansez encore
Parmi les vieux objets, les débris que l'on cache,
Les morceaux de décor
Oubliés ou détruits, les lueurs vacillantes
Entretenues à peine,
Dansez, chantez encore aux heures chancelantes
Sans garder votre haleine,
Bien sûr fétide maintenant – mais je m'en fous –
Et soufflez sur mes peurs,
Mes cumulus noircis, mes rêves de Corfou,
Mes durs efforts trompeurs
Ou mon étoile rare, ou mes sombres enjeux,
Baladez vos errances
Dans mes gyrus tordus, vos mains dans mes cheveux,
Vos rires, vos fragrances,
Dans mes vers éperdus sous la rime sultane ;
Oh, laissez-moi le temps.

Le temps de dénouer mes ultimes arcanes,
Ou un nouveau printemps…

Exergue ...tardif :

Ecoute l'écho

Ne t'ennuie pas l'ami,
C'est en toi que tu cherches
Quand ici tu me lis.
Si certains mots te perchent
Au milieu de mes rêves,
Au-delà des musiques
Qui te lâchent, t'élèvent,
Spirale dynamique,
Bien ailleurs qu'en ce monde
Où ce que je gribouille,
Lancé depuis ma fronde,
Rase un peu de ma rouille,
Laisse aller ta nature
Et file ton chemin
Au fil de cet or pur
De tes clairs lendemains.

Car si tu crois coller
Ton œil à la serrure
De mes pièces privées
Aux perverses fêlures,
Ce n'est qu'une illusion.
Nul n'écrit dans le vrai,
Nul récit d'alluvions
Trie le beau de l'ivraie.

...

Ne t'ennuie pas l'ami,
Et oublie mes formules,
Oublie mes alibis
De bord de crépuscule.

Laisse s'évaporer,
Sans égard pour l'effort,
Mes sens édulcorés
Ou mes tristes ressorts,

Regarde à l'intérieur
Ce qui penche à éclore,
Ou l'écho supérieur
De ton propre décor,
Vibrant sur un fragment
D'harmonie, sur un son.
Car jamais un instant
Ne croise une leçon !

Ne t'ennuie pas l'ami
A chercher si ma plume
Dissimule à l'envi
Des parfums, des enclumes,
Des vapeurs d'insomnie
Ou de quelque amertume.

Ne t'ennuie pas l'ami,
Mais écoute l'écho
De tes jours, de tes nuits
Evadé de mes mots.
Vois dans le texte épars
Les effluves de toi
Qui te montrent la part
Cachée de tes émois.

Car sais-tu seulement,
Détective erroné,
Si l'image à présent,
De mon cœur seul, est née ?

Index

 LES EDITIONS RAHMA
Composition et illustration : MASELENSES
Photo de couverture : © C. Brasseur
Dépôt légal : Février 2022
ISBN 978-2-9573240-8-8